Psicologia do sonho

1920

Título original: *Dream Psychology: Psychoanalysis for Beginners*. Publicado pela primeira vez nos Estados Unidos em 1920 (Nova York: James A. McCann), traduzido com base no original alemão *Über den Traum* (Wiesbaden: Bergmann, 1911).

Grafia conforme o novo Acordo Ortográfico da Língua Portuguesa.

1ª edição, 2025.

Editores: Jair Lot Vieira e Maíra Lot Vieira Micales
Coordenação editorial: Karine Moreto de Almeida
Produção editorial: Richard Sanches
Edição de textos: Marta Almeida de Sá
Assistente editorial: Thiago Santos
Preparação de texto: Thiago de Christo
Revisão: Tatiana Yumi Tanaka Dohe
Diagramação e Capa: Leonardo Kenji Sugimoto

Dados Internacionais de Catalogação na Publicação (CIP)
(Câmara Brasileira do Livro, SP, Brasil)

Freud, Sigmund, 1856-1939.
Psicologia do sonho : psicanálise para iniciantes / Sigmund Freud ; tradução e notas Martha Argel e Humberto Moura-Neto. — 1. ed. — São Paulo : Edipro 2025.

Título original: Dream psychology : psychoanalysis for beginners

ISBN 978-65-5660-190-8 (impresso)
ISBN 978-65-5660-189-2 (e-pub)

1. Psicanálise 2. Psicologia 3. Sonhos I. Argel, Martha. II. Moura-Neto, Humberto. III. Título.

25-270437 CDD-154.63

Índice para catálogo sistemático:
1. Sonhos : Psicologia 154.63

Cibele Maria Dias - Bibliotecária - CRB-8/9427

EDITORA AFILIADA

edipro

São Paulo: (11) 3107-7050 • Bauru: (14) 3234-4121
www.edipro.com.br • edipro@edipro.com.br
@editoraedipro @editoraedipro

O livro é a porta que se abre para a realização do homem.

Jair Lot Vieira

SIGMUND FREUD

Psicologia do sonho

Psicanálise para iniciantes

1920

Tradução e notas

MARTHA ARGEL E HUMBERTO MOURA-NETO

Martha Argel é bióloga formada pela Universidade de São Paulo (USP), doutora em Ecologia pela Unicamp e autora de inúmeros livros, entre eles, obras didáticas e de divulgação científica. É tradutora literária e de obras de não ficção. Humberto Moura-Neto é biólogo formado pela University of Maryland e mestre em Genética Marinha pela Universidade Federal Fluminense (UFF). É tradutor de obras de não ficção e de textos científicos.

edipro

Sumário

Nota da tradução brasileira

O presente volume é a tradução de *Dream Psychology – Psychoanalysis for Beginners*, obra publicada nos Estados Unidos em 1920 (Nova York, James A. McCann). Por sua vez, essa edição consiste na tradução autorizada para o inglês feita por Montague David Eder (M. D. Eder) e publicada originalmente na Inglaterra (Londres, Heinemann, 1914), acrescida de uma introdução de André Tridon.

Os três primeiros capítulos consistem em uma versão abreviada, preparada pelo próprio Sigmund Freud, de sua monumental obra *A interpretação dos sonhos* (Leipzig e Viena, Franz Deuticke, 1900).[1] Esse resumo apareceria com o título de "Über den Traum" ("Sobre os sonhos") na publicação seriada *Grenzfragen des Nerven und Seelenlebens*, editada por L. Löwenfeld e H. Kurella (Wiesbaden, Bergmann, 1901, p. 307-344). Posteriormente o material foi lançado em versão ampliada como brochura, com o mesmo título, *Über den Traum* (Wiesbaden, Bergmann, 1911).

Os demais capítulos da tradução de Eder foram retirados, com algumas modificações, de *A interpretação dos sonhos* (no original, *Die Traumdeutung*).

Na presente tradução ao português, recorremos a outros textos e edições das obras de Freud para elucidar e adaptar trechos nos quais a tradução de Eder dava lugar a dúvidas ou apresentava erros, imprecisões e omissões:

1. *Obras completas*, vol. IV e V. Tradução ao espanhol direta do alemão de José Luis Etcheverry, com os comentários e as notas do tradutor para a língua inglesa James Strachey traduzidos diretamente do inglês. Buenos Aires, Amorrortu, 1991.

---

1. Na verdade, a obra foi lançada em 1899, mas Freud insistiu para que fosse datada de 1900. (N.T.)

2. *Edição Standard Brasileira das Obras Psicológicas Completas de Sigmund Freud*, vol. IV e V. Rio de Janeiro, Imago.

3. "On Dreams". In: *The Standard Edition of the Complete Psychological Works of Sigmund Freud*, vol. V (1900-1901): The Interpretation of Dreams (Second Part) and On Dreams, p. 629-686. Trad. James Strachey.

4. "Über den Traum". In: Leopold Löwenfeld e Hans Kurella (eds.), *Grenzfragen des Nerven und Seelenlebens*. Wiesbaden, Bergmann, 1901, p. 307-344.

5. *Die Traumdeutung*. Leipzig e Viena, Deuticke, 1900.

6. *Die Traumdeutung*. Leipzig e Viena, Deuticke, 1914.

Introdução

A classe médica é conservadora, e com razão. A vida humana não deve ser tratada como material adequado para experimentos irresponsáveis.

No entanto, o conservadorismo, muitas vezes, é uma desculpa oportuna para mentes preguiçosas, que resistem a se adaptar a condições que passam por uma rápida transformação.

Lembrem-se do desdém com que as descobertas de Freud no domínio do inconsciente foram recebidas no início.

Após anos de cuidadosa observação, ele finalmente decidiu se apresentar diante das entidades médicas para compartilhar, com toda modéstia, certos eventos recorrentes em seus sonhos e nos sonhos de seus pacientes. Inicialmente tratado com deboche, ele gradualmente se tornou alguém a ser evitado, sendo rotulado como excêntrico.

De fato, a expressão "interpretação dos sonhos" despertava e continua trazendo à tona diversas conexões negativas e sem embasamento científico. Ela nos remete a um conjunto de noções ingênuas e supersticiosas, que constituem a essência dos guias de sonhos, consultados apenas por indivíduos desinformados e retrógrados.

A riqueza de detalhes e o zelo incansável para não deixar nada sem explicação foram aspectos marcantes da forma como compartilhou com o público os resultados de suas pesquisas, que impressionam cada vez mais cientistas respeitados. Contudo, a avaliação de seus dados comprovativos demanda um esforço árduo e requer uma mente verdadeiramente aberta.

É por isso que ainda existem homens que, mesmo sem qualquer familiaridade com os escritos de Freud, sequer demonstram interesse suficiente pelo assunto para tentar interpretar seus próprios sonhos ou os de seus pacientes; eles menosprezam as teorias de Freud, contestando-as com base em afirmações que ele jamais fez.

Alguns deles, como o professor Boris Sidis, por vezes chegam a conclusões curiosamente semelhantes às de Freud, mas com seu desconhecimento da literatura psicanalítica deixam de dar crédito a Freud por observações anteriores às suas.

Além daqueles que zombam do estudo dos sonhos por não terem estudado o assunto antes, há também quem não ouse considerar as verdades que o estudo dos sonhos revela. Os sonhos revelam muitas verdades biológicas desagradáveis sobre nós mesmos, e apenas indivíduos com mentes muito livres podem prosperar com tal dieta. O autoengano é uma planta que murcha com rapidez na atmosfera transparente da investigação onírica.

Os fracos e neuróticos, apegados às suas neuroses, não têm qualquer desejo de iluminar com um holofote tão potente os cantos escuros de sua psicologia.

As teorias de Freud não são em absoluto teóricas.

Sempre lhe pareceu existir uma forte conexão entre os sonhos e as anomalias mentais de seus pacientes, e isso o levou a recolher milhares de sonhos e a compará-los com as histórias de casos que obteve em sua prática.

Ao iniciar suas investigações, Freud não partiu de algum viés preconcebido, com a esperança de encontrar evidências que corroborassem seus pontos de vista. Ele examinou os fatos um milhar de vezes "até que eles começaram a lhe dizer alguma coisa".

Sua atitude diante do estudo dos sonhos era, em outras palavras, como a de um estatístico que não sabe, e não tem meios de prever, a quais conclusões inevitáveis será levado pelos dados que vem coletando, mas que está totalmente preparado para aceitá-las.

Esta foi, de fato, uma conduta inédita na psicologia. Os psicólogos sempre tiveram o costume de construir hipóteses atraentes, no que Eugen Bleuler chama de "forma autística", isto é, por métodos que não se fundamentam em quaisquer evidências, e tais hipóteses brotam de seus cérebros do mesmo modo que Minerva brotou do cérebro de Júpiter, completamente armada. A seguir, eles estendem sobre essa estrutura inflexível o couro de uma realidade que haviam abatido de antemão.

Apenas mentes com as mesmas distorções e idêntica inclinação autística poderiam ver em tais estruturas vazias e artificiais um molde aceitável para o pensamento filosófico.

A visão pragmática de que "verdade é aquilo que funciona" ainda não fora expressa quando Freud publicou sua teoria revolucionária sobre a psicologia dos sonhos.

Cinco fatos de primeira magnitude foram evidenciados para o mundo a partir de sua interpretação dos sonhos.

Em primeiro lugar, Freud assinalou a existência de uma ligação constante entre algum elemento de cada sonho e algum detalhe da vida de vigília do sonhador no dia anterior. Essa ligação estabelece existir de fato uma relação entre o estado do sono e o estado de vigília, e refuta a concepção amplamente prevalente de que os sonhos não passam de fenômenos sem qualquer sentido, que vêm do nada e levam a lugar algum.

Segundo, após estudar a vida e o modo de pensar do sonhador, bem como registrar todas as suas peculiaridades e detalhes de conduta aparentemente insignificantes que revelam seus pensamentos secretos, Freud concluiu que em cada sonho havia a realização tentada ou bem-sucedida de um desejo, fosse ele consciente ou inconsciente.

Em terceiro, ele demonstrou que muitas de nossas visões oníricas são simbólicas, e isso nos faz considerá-las absurdas e incompreensíveis; a universalidade desses símbolos, contudo, torna-os muito claros para o observador que está familiarizado com eles.

Em quarto lugar, Freud evidenciou que os desejos sexuais desempenham em nosso inconsciente um papel importante, que a hipocrisia puritana sempre tentou minimizar e até ignorar completamente.

Por fim, ele estabeleceu uma conexão direta entre os sonhos e a loucura, entre as visões simbólicas de nosso sono e as ações simbólicas de pessoas com transtornos mentais.

Naturalmente, Freud realizou muitas outras observações enquanto analisava os sonhos de seus pacientes, mas nem todas apresentam tanto interesse quanto as já mencionadas, e tampouco foram tão inovadoras ou capazes de influenciar tanto a psiquiatria moderna.

Outros investigadores seguiram o caminho aberto por Freud rumo ao inconsciente humano. As contribuições de Carl Gustav Jung, de Zurique; Alfred Adler, de Viena; e Edward Kempf, de Washington, D.C., para o estudo do inconsciente expandiram o campo para áreas que o próprio Freud jamais sonhara explorar.

Entretanto, nunca é demais ressaltar que, não fosse a teoria freudiana do sonho como realização de desejos, a "teoria energética", de Jung, a teoria do "complexo de inferioridade e compensação", de Adler, e a teoria do "mecanismo dinâmico", de Kempf, não teriam sido formuladas.

Freud é o pai da moderna psicologia anormal e estabeleceu o ponto de vista psicanalítico. Sem um sólido embasamento na tradição freudiana, ninguém pode ter a pretensão de realizar uma obra de valor no âmbito da psicanálise.

Por outro lado, é absurdo afirmar que o freudismo seja uma espécie de religião repleta de dogmas, que exige um ato de fé. O freudismo foi apenas um estágio no desenvolvimento da psicanálise, a partir do qual todos seus seguidores evoluíram, exceto os preconceituosos sem qualquer originalidade. Incontáveis contribuições foram feitas à estrutura construída pelo médico vienense, e muitas mais ainda virão.

As novas adições a essa estrutura, contudo, desmoronariam como um castelo de cartas não fossem as fundações originais tão sólidas quanto as formulações de Harvey sobre a circulação sanguínea.

Independente das adições ou alterações à estrutura original, a perspectiva analítica permanece intacta.

Essa nova perspectiva não só está revolucionando todos os procedimentos de diagnóstico e tratamento de transtornos mentais como também está levando os médicos inteligentes e atualizados a reavaliar por completo sua abordagem de quase todas as formas de doenças.

As pessoas com problemas mentais não são mais vistas como indivíduos absurdos, dignos de pena, que devem ser trancados em manicômios até que a natureza os cure ou, com a morte, os alivie de seus sofrimentos. Aqueles que sofrem de distúrbios mentais sem uma lesão física no cérebro ou no sistema nervoso são vítimas de forças inconscientes que os levam a comportamentos anormais, mas que poderiam tornar-se normais com a ajuda adequada.

A compreensão da psicologia individual pouco a pouco está substituindo, com resultados positivos, os tratamentos baseados em sedativos e repouso.

Os médicos que lidam com enfermidades consideradas "puramente" físicas estão começando a levar a sério os fatores "mentais" que predispõem os pacientes a determinadas enfermidades.

As ideias de Freud também resultaram na inevitável revisão de todos os valores éticos e sociais, lançando uma luz inesperada sobre a criação de obras literárias e artísticas.

No entanto, a visão freudiana, ou, em uma abordagem mais ampla, a perspectiva psicanalítica, continuará sendo um mistério para aqueles que, por preguiça ou falta de interesse, se negam a estudar ao lado do mestre vienense o terreno que tateou com tanto cuidado. Não nos convenceremos se não repetirmos, sob sua orientação, todos os experimentos que ele próprio realizou.

Precisamos seguir seus passos através dos labirintos tortuosos do inconsciente, territórios nunca antes mapeados por conta dos filósofos acadêmicos, que, guiados pela lei do mínimo esforço, concluíram *a priori* que isso seria impossível.

Os antigos geógrafos, esgotando suas fontes de informações sobre terras distantes, entregaram-se a uma ânsia não científica pela fantasia e, sem qualquer base factual para seus devaneios, preencheram em seus mapas os espaços em branco das regiões inexploradas com comentários curiosos como "Aqui há leões".

Graças à teoria da interpretação dos sonhos proposta por Freud, a "*via regia*" de acesso ao inconsciente encontra-se agora aberta a todos os exploradores. Eles não encontrarão leões, mas o próprio indivíduo, e o registro de toda sua vida e de suas dificuldades ante a realidade.

Somente podemos compreender plenamente o indivíduo depois de vê-lo da forma como seu inconsciente — revelado por seus sonhos — o apresenta a nós. Pois, como disse Freud a Putnam, "Somos o que somos porque fomos o que fomos".

No entanto, muitos estudiosos sérios foram desencorajados ao tentar estudar a psicologia dos sonhos de Freud.

O livro no qual ele primeiro compartilhou sua interpretação dos sonhos era uma obra circunstancial, destinada a uma análise detalhada por cientistas, e não a uma assimilação rápida, em poucas horas, por um público leigo interessado. À época, Freud não podia negligenciar nenhum detalhe que constituísse uma evidência para tornar sua teoria revolucionária aceitável àqueles que se dispusessem a examinar os dados fornecidos.

O próprio Freud reconheceu a magnitude do desafio representado pela leitura de sua obra-prima àqueles sem o preparo prévio oferecido por uma extensa formação psicológica e científica. Assim, a partir daquela obra gigantesca, ele resumiu os pontos essenciais de suas descobertas.

Os editores do presente livro merecem crédito por apresentar ao público leitor a essência da psicologia de Freud nas palavras do próprio mestre, em um formato que é acessível aos iniciantes sem soar demasiado elementar àqueles já avançados no estudo psicanalítico.

A psicologia dos sonhos é a chave para as obras de Freud e para a psicologia moderna como um todo. Com um guia simples e conciso como *Psicologia do sonho*, a ninguém será possível alegar ignorância quanto ao sistema psicológico mais revolucionário da Era Moderna.

André Tridon

I.
Os sonhos têm um significado

Em épocas que poderíamos chamar de "pré-científicas", as pessoas não tinham qualquer dificuldade em encontrar explicações para os sonhos. Quando se recordavam de um sonho após o despertar, este era encarado como uma manifestação amistosa ou hostil de poderes superiores, demoníacos ou divinos. Com a ascensão do pensamento científico, toda essa engenhosa mitologia foi transferida para a psicologia. Hoje em dia, entre as pessoas cultas, apenas uma pequena minoria duvida que o sonho seja um produto da própria mente do sonhador.

Desde a rejeição da hipótese mitológica, entretanto, os sonhos permaneceram carentes de explicação. As condições de sua origem; sua relação com a vida psíquica da vigília; sua dependência de estímulos que parecem demandar atenção durante o sono; as muitas peculiaridades de seu conteúdo que são repugnantes ao pensamento de vigília; a incongruência entre suas imagens e os afetos que geram; seu caráter transitório, a maneira como o pensamento de vigília os ignora como sendo algo bizarro, mutilando-os ou eliminando-os da memória — todos esses problemas, e outros mais, há centenas de anos aguardam solução, e nenhuma das que foram apresentadas até o momento foi satisfatória. Contudo, o que mais nos interessa é a questão do significado dos sonhos, a qual tem dois lados. Em primeiro lugar, há o significado psíquico do sonho, a relação deste com os processos psíquicos e sua possível função biológica. Em segundo lugar, devemos descobrir se os sonhos podem ser interpretados e se o conteúdo de cada sonho individual teria algum significado, como podemos encontrar em outras estruturas psíquicas.

Na avaliação dos sonhos, três tendências são observadas. Muitos filósofos validaram uma delas, que ainda conserva resquícios da antiga supervalorização do sonho. Para eles, a base da vida onírica é um estado peculiar de atividade psíquica, que eles chegam a celebrar como uma forma de elevação até algum estado superior. Schubert, por exemplo, afirma: "O sonho é a libertação do espírito do jugo da natureza externa, a liberação da alma dos grilhões da matéria". Sem irem tão longe assim, outros estudiosos defendem que os sonhos têm origem em estímulos espirituais reais e são as manifestações exteriores de poderes espirituais cuja livre movimentação foi impedida durante o dia ("fantasias oníricas", Scherner; Volkelt). Um grande número de observadores reconhece que a vida onírica é capaz de realizações extraordinárias, ao menos em certos âmbitos ("memória").

Em um notável contraste com essa visão, a maioria dos autores médicos reluta em admitir que o sonho seja um fenômeno psíquico. Para eles, os sonhos são instigados e iniciados somente por estímulos sensoriais ou corporais, que incidem sobre o indivíduo adormecido partindo do exterior ou que constituem perturbações acidentais de seus órgãos internos. O sonho não teria mais significado e importância do que o som produzido por alguém sem familiaridade com a música ao percorrer as teclas de um instrumento. O sonho deve ser encarado, diz Binz, "como um processo físico sempre inútil, com frequência mórbido". Todas as peculiaridades da vida onírica são explicadas como sendo o esforço incoerente de certos órgãos ou dos elementos corticais do cérebro adormecido, por conta de algum estímulo fisiológico.

Pouco afetada pela opinião científica, porém, e sem qualquer preocupação quanto à origem dos sonhos, a visão popular mantém a sólida crença de que os sonhos têm de fato um significado, que de certos modos eles podem prever o futuro e que seu significado pode de alguma maneira ser desvendado a partir de seu conteúdo, muitas vezes bizarro e enigmático. A leitura dos sonhos consiste em substituir os eventos oníricos, da forma como são lembrados, por outros eventos. Isso pode ser feito situação a situação, de acordo com uma chave fixa, ou o sonho como um todo é substituído por alguma outra coisa, a qual ele simboliza. As pessoas sérias riem de tais iniciativas, afirmando que "os sonhos são apenas espuma do mar!".

Certo dia descobri, para meu espanto, que a visão que mais se aproxima da verdade sobre os sonhos é a popular, calcada na superstição, e não a médica. Eu havia chegado a novas conclusões sobre os sonhos, por meio do uso de um novo método de investigação psicológica, que havia dado bons resultados na investigação de fobias, obsessões, delírios e situações assemelhadas, e que, sob o nome de "psicanálise", encontrou aceitação por toda uma escola de pesquisadores. As múltiplas analogias entre a vida onírica e as mais variadas condições de doenças psíquicas no estado desperto têm sido reconhecidas, corretamente, por diversos pesquisadores médicos. Portanto, de antemão parecia promissor aplicar à interpretação dos sonhos métodos de investigação já testados em processos psicopatológicos. As obsessões e aquelas peculiares sensações de medo persistente são tão estranhas para a consciência normal quanto os sonhos para a nossa consciência desperta; sua origem é tão desconhecida para a consciência quanto a origem dos sonhos. Foram as finalidades práticas que me levaram, nos casos dessas doenças, a investigar suas origens e sua formação. A experiência mostrou que a cura e o consequente controle das ideias obsessivas eram alcançados uma vez que tivessem sido revelados os pensamentos que constituíam as conexões entre as ideias mórbidas e o restante do conteúdo psíquico, e que até então estavam ocultos da consciência. O procedimento que empreguei para a interpretação dos sonhos surgiu, assim, da psicoterapia.

Tal procedimento é fácil de descrever, embora sua utilização exija estudos e experiência. Suponhamos que o paciente esteja sofrendo de intensa fobia. Pede-se a ele que volte a atenção para a ideia em questão, sem, contudo, refletir sobre ela, como tantas vezes já fez. Todas as impressões que lhe ocorrerem, sem exceção, devem ser relatadas ao médico. O paciente talvez comente, então, que não consegue concentrar sua atenção em absolutamente nada, o que deve ser respondido garantindo-lhe, com firmeza, que tal estado mental vazio é totalmente impossível. De fato, grande número de impressões logo lhe ocorrerá, às quais outras mais irão se associar. Estas estarão invariavelmente acompanhadas pela manifestação da opinião do observador de que elas não têm significado ou não são importantes. Será percebido de imediato que era essa autocrítica que impedia o paciente de compartilhar suas ideias, as quais ele de fato havia excluído da consciência. Se o paciente puder ser induzido a abandonar tal autocrítica e a seguir as cadeias de pensamento produzidas ao centrar a atenção, será obtido um material muito significativo, que então perceberemos estar claramente ligado à ideia mórbida em questão. Sua conexão com outras ideias se manifestará e, mais tarde, permitirá a substituição da ideia mórbida por uma nova, perfeitamente compatível com a continuidade psíquica.

Este não é o lugar para examinar de forma detalhada a hipótese sobre a qual tal experimento se baseia ou as deduções que decorrem de seu invariável sucesso. Basta afirmar que obteremos material suficiente para resolver qualquer ideia mórbida se direcionarmos nossa atenção especificamente para associações *involuntárias que perturbam nossos pensamentos* — aquelas que, de outra forma, seriam descartadas pelo crítico, como refugo sem valor. Se o procedimento for realizado consigo mesmo, a melhor forma de proceder durante o experimento consiste em anotar de imediato todas as primeiras impressões obscuras.

Mostrarei agora a que resultados esse método permite chegar quando o aplico ao exame dos sonhos. Ele pode ser usado com qualquer sonho. Por certos motivos, porém, vou escolher um sonho meu que, da forma como o recordo, pareça confuso e sem sentido, e que tenha a vantagem de ser curto. É provável que meu sonho de ontem à noite preencha tais requisitos. Seu conteúdo, registrado logo após o despertar, é o seguinte:

> Um grupo de pessoas; à mesa ou *table d'hôte*...[2] É servido espinafre. A senhora E. L., sentada ao meu lado, dedica-me toda sua atenção e coloca a mão sobre meu joelho com familiaridade. Na defensiva, afasto sua mão. Então ela diz: "Mas você sempre teve olhos tão belos". A seguir, vejo de forma distinta algo parecido com dois olhos, como um esboço ou o contorno da lente de um par de óculos...

Esse é todo o sonho, ou ao menos tudo de que me lembro. Parece-me não apenas obscuro e sem sentido, mas mais particularmente peculiar. A senhora E. L. é uma pessoa com quem não tenho intimidade e, ao que eu saiba, com quem jamais desejei uma relação mais estreita. Há muito tempo não a vejo e penso que não houve qualquer menção recente a ela. Nenhuma espécie de afeto acompanhou o processo onírico.

Refletir sobre esse sonho não faz com que minha mente o compreenda melhor. Contudo, apresentarei agora as ideias, sem premeditação e sem críticas, que a introspecção rendeu. Logo percebo que é uma vantagem dividir o sonho em seus elementos e buscar as ideias que se ligam a cada fragmento.

Um grupo de pessoas; à mesa ou table d'hôte. Vem de imediato a minha mente a lembrança de um pequeno evento que marcou o fim da noite passada. Saí de uma pequena reunião na companhia de um amigo, que se ofereceu para me levar para casa de táxi.

— Prefiro tomar um táxi — ele disse. — Isso nos dá uma ocupação muito agradável; sempre há alguma coisa para se olhar.

Quando estávamos no táxi e o taxista baixou a bandeira do taxímetro para que o primeiro valor ficasse visível, continuei a brincadeira.

---

2. *Table d'hôte*: expressão francesa que significa refeição que é servida a um grupo a um preço fixo por pessoa. (N.T.)

— Mal entramos e já devemos sessenta *hellers*. O táxi sempre me lembra a *table d'hôte*. Torno-me avarento e egoísta quando sou lembrado o tempo todo de quanto devo. Parece-me que o valor aumenta depressa demais, e fico sempre com medo de sair perdendo, da mesma forma que na *table d'hôte* não consigo ignorar o medo cômico de estar recebendo muito pouco, e que deveria aproveitar melhor.

Numa conexão tênue com isso, faço uma citação:

À terra, esta terra cansada, vós nos trazes,
Rumo à culpa permitis que, incautos, sigamos.[3]

Outra ideia sobre a *table d'hôte*. Algumas semanas atrás, eu estava muito contrariado com minha querida esposa à mesa de jantar, em uma estação de saúde no Tirol, porque ela não estava sendo reservada o suficiente com alguns vizinhos de mesa com os quais eu não desejava travar qualquer relação. Roguei-lhe que se ocupasse mais comigo do que com estranhos. É como se eu *saísse perdendo na* table d'hôte. Agora me parece evidente o contraste entre o comportamento de minha esposa à mesa e o da senhora E. L. no sonho: "*Ela se dirige somente a mim*".

E mais, agora percebo que o sonho é a reprodução de uma pequena situação envolvendo minha esposa e a mim mesmo quando eu a cortejava em segredo. A carícia sob a proteção da toalha de mesa foi a resposta a minha carta apaixonada de pretendente. No sonho, porém, minha esposa é substituída pela pouco familiar E. L.

A senhora E. L. é filha de um homem a quem eu no passado *devi dinheiro!* Não posso deixar de notar que aqui se revela uma conexão inesperada entre o conteúdo do sonho e meus pensamentos. Se a cadeia de associações que parte de um elemento do sonho for seguida, logo somos levados de volta a outro de seus elementos.

---

3. Versos declamados por um dos tocadores de harpa no romance *Wilhelm Meister*, de Goethe. (N.T.)

Os pensamentos evocados pelo sonho revelam associações que não eram perceptíveis no sonho em si.

Quando alguém espera que seus interesses sejam cuidados por terceiros, sem qualquer vantagem para estes, não é habitual fazer jocosamente a inocente pergunta: "Você acha isso vai ser feito *só por seus belos olhos?*". Daí a fala da senhora E. L. no sonho. "Você sempre teve olhos tão belos" não significa senão "as pessoas sempre fazem tudo para você por amor; você sempre teve *tudo de graça*". O contrário é, claro, a verdade; sempre paguei caro por qualquer bondade que os outros demonstrassem por mim. Ainda assim, o fato de *eu ter tido uma carona de graça* ontem, quando meu amigo me levou para casa de táxi, deve ter me impressionado.

De qualquer modo, esse amigo de ontem muitas vezes me tornou seu devedor. Recentemente, deixei escapar uma oportunidade de reembolsá-lo. Apenas o presenteei com uma tigela antiga,[4] toda pintada com olhos, que é chamada de Occhiale, um *amuleto* contra o *Malocchio*. Além disso, ele é *médico oftalmologista*. Naquela mesma noite, eu lhe perguntara sobre uma paciente que eu lhe enviara para fazer *óculos*.

Como salientei, quase todos os elementos do sonho foram acomodados dentro dessa nova conexão. Eu ainda poderia perguntar por que no sonho havia sido servido *espinafre*. De fato, o espinafre ocasionou uma pequena situação recentemente ocorrida em nossa casa. Um de meus filhos, cujos *belos olhos* de fato merecem elogios, recusou-se a comer espinafre. Quando criança, eu era igual a ele; por muito tempo detestei *espinafre*, até que mais tarde meus gostos se alteraram e esse se tornou um dos meus pratos favoritos. A menção a esse prato cria uma conexão entre minha infância e a de meu filho. "Você devia estar feliz por ter espinafre para comer", havia dito a mãe ao pequeno *gourmet*. "Algumas crianças ficariam muito

4. Em alemão, Freud usa a palavra *Schale* (tigela). Na tradução de Strachey aparece *bowl* (tigela). Eder obviamente se equivocou ao usar *shawl* (xale). (N.T.)

felizes se pudessem comer espinafre." Dessa forma sou lembrado dos deveres dos pais para com os filhos. As palavras de Johann Wolfgang von Goethe —

> À terra, esta terra cansada, vós nos trazes,
> Rumo à culpa permitis que, incautos, sigamos.

— assumem outro significado com esse contexto.

Interrompo-me aqui para recapitular os resultados de minha análise do sonho. Ao seguir as associações que estavam conectadas a elementos individuais do sonho tirados de seu contexto, fui levado a uma série de pensamentos e reminiscências nos quais não pude deixar de reconhecer expressões interessantes de minha vida psíquica. O material gerado por uma análise do sonho guarda uma íntima relação com o conteúdo onírico, mas essa relação é tão especial que eu nunca teria conseguido inferir as novas descobertas partindo diretamente do próprio sonho. O sonho não tinha qualquer afeto, era desconexo e ininteligível. Enquanto estou revelando os pensamentos por trás do sonho, sinto emoções intensas e bem fundamentadas. Os pensamentos em si encaixam-se muito bem em cadeias que têm ligação lógica com algumas ideias centrais que sempre se repetem. Tais ideias não representadas no sonho em si são, nesse caso, as antíteses *egoísta* e *altruísta, estar endividado* e *trabalhar de graça*. Eu poderia aproximar ainda mais os fios da teia que a análise revelou, e então seria capaz de demonstrar como todos eles se juntam em um só nó; vejo-me impedido de tornar público esse trabalho por considerações de natureza pessoal, não científica. Depois de ter trazido à tona muitas coisas que não reconheço de bom grado como minhas, eu revelaria muitas coisas que seria melhor permanecerem como meus segredos. Por que, então, não escolhi outro sonho cuja análise seria mais adequada para publicação, de modo que eu pudesse despertar maior convicção quanto ao sentido e à coesão dos resultados revelados pela análise? A resposta é que qualquer sonho que eu investigue leva às mesmas dificuldades e à mesma necessidade de discrição; tampouco eu conseguiria contornar essa dificuldade caso analisasse o sonho de outra pessoa. Isso só poderia ser feito caso houvesse a oportunidade de abandonar a discrição sem causar dano àqueles que confiaram em mim.

A conclusão que agora se faz forçoso reconhecer é que o sonho é uma *espécie de substituição* para as cadeias de pensamento emocionais e intelectuais às quais cheguei depois de completar a análise. Ainda não conheço o processo pelo qual o sonho surgiu desses pensamentos, mas percebo que é um equívoco considerar que o sonho não tem importância psíquica, sendo meramente um processo físico surgido da atividade de elementos corticais isolados despertados do sono.

Devo ainda ressaltar que o sonho é muito mais curto do que os pensamentos que postulo que ele substitua; ainda, a análise revelou que o sonho foi instigado por algo sem importância ocorrido na noite anterior à quando o tive.

Naturalmente, eu não tiraria conclusões tão abrangentes se somente tivesse conhecimento de uma única análise. A experiência me mostrou que, quando as associações de qualquer sonho são seguidas sem qualquer crítica, tal cadeia de pensamento se revela e as partes que constituem o sonho reaparecem conectadas de forma correta e plena de sentido; assim, a menor suspeita de que tal concatenação tenha sido um mero acidente da primeira e única observação deve ser abandonada por completo. Considero, portanto, que é meu direito estabelecer essa nova perspectiva por meio de uma terminologia adequada. Contrasto o sonho que minha memória evoca com o sonho e os materiais adicionais revelados pela análise: aquele primeiro eu chamo de *conteúdo manifesto* do sonho; estes últimos, a princípio sem mais subdivisões, de *conteúdo latente*. Chego a dois novos problemas até aqui não formulados: (1) Qual foi o processo psíquico que transformou o conteúdo latente do sonho em seu conteúdo manifesto? (2) Que motivo ou motivos tornaram necessária tal transformação? Ao processo pelo qual é executada a mudança de conteúdo latente para manifesto dou o nome de *trabalho do sonho*. Em contraste com ele está o *trabalho de análise*, que produz a transformação inversa. Quanto aos demais problemas do sonho — a investigação quanto aos estímulos que o instigam, origem de seus materiais e sua possível finalidade, a função do sonhar, o esquecimento dos sonhos —, eu os discutirei em conexão com o conteúdo onírico latente.

Tomarei todo o cuidado para evitar uma confusão entre o *conteúdo manifesto* e o *conteúdo latente*, pois atribuo todos os relatos contraditórios e incorretos da vida onírica à ignorância quanto ao conteúdo onírico latente, agora desnudado pela primeira vez por meio da análise.

A conversão dos pensamentos oníricos latentes em manifestos merece ser estudada com atenção, pois constitui o primeiro exemplo conhecido da transformação de conteúdo psíquico de um modo de expressão para outro — de um modo de expressão que, além do mais, é de fácil entendimento para outro que só podemos compreender com esforço e orientação, embora esse novo modo também deva ser reconhecido como um esforço de nossa própria atividade psíquica. No que diz respeito à relação entre conteúdo onírico latente e conteúdo manifesto, os sonhos podem ser divididos em três classes. Em primeiro lugar, podemos distinguir aqueles sonhos que têm um *significado* e são, ao mesmo tempo, *inteligíveis*, isto é, que nos permitem penetrar nossa vida psíquica sem grande dificuldade. Tais sonhos são numerosos; em geral são curtos e, como regra geral, não parecem merecer muita atenção, por estar ausente qualquer aspecto que seja notável ou que constitua uma surpresa excitante. A ocorrência deles é, inclusive, um forte argumento contra a postulação de que o sonho deriva da atividade isolada de certos elementos corticais. Não há qualquer sinal de uma atividade psíquica reduzida ou fragmentada. No entanto, nunca hesitamos em considerá-los como sonhos nem os confundimos com os produtos da vida de vigília.

Um segundo grupo é formado pelos sonhos que têm uma coerência interna e significado claro, mas que parecem estranhos por sermos incapazes de relacionar tal significado com nossa vida mental. É esse o caso quando sonhamos, por exemplo, que algum parente querido morreu de peste sem que tenhamos motivo para esperar, temer ou supor qualquer coisa parecida; só podemos nos perguntar, perplexos: "o que trouxe isso à minha mente?". Pertencem ao terceiro grupo os sonhos desprovidos de sentido e inteligibilidade; eles são *incoerentes, confusos e sem significado.* A maioria esmagadora de nossos sonhos apresenta tais características, e foi tal fato que originou a atitude de desprezo em relação aos sonhos, bem como a teoria médica que postula sua atividade psíquica limitada. Raramente faltam sinais de incoerência, sobretudo em tramas oníricas mais longas e complexas.

O contraste entre conteúdo onírico manifesto e latente só é claramente significativo para os sonhos das duas últimas categorias, em especial a terceira. Aqui estão problemas que somente são resolvidos quando o sonho manifesto é substituído pelo seu conteúdo latente. É um exemplo desse tipo, um sonho confuso e ininteligível, que submetemos à análise. Contrariando minha expectativa, porém, descobri motivos que impediam a plena percepção do pensamento onírico latente. Na repetição desse mesmo experimento, fui forçado a supor que existe uma *conexão íntima, com leis próprias, entre a natureza ininteligível e confusa do sonho e as dificuldades na comunicação dos pensamentos ligados ao sonho.* Antes de investigar a natureza dessa conexão, será produtivo se voltarmos a atenção para os sonhos da primeira categoria, mais fáceis de entender e nos quais, sendo idênticos o conteúdo manifesto e o latente, o trabalho do sonho parece estar ausente.

A investigação de tais sonhos também é produtiva sob uma outra perspectiva. Os sonhos das *crianças* são dessa natureza, têm significado e não são estranhos. Esse, aliás, é mais um elemento contrário à noção de que os sonhos são uma mera dissociação da atividade cerebral durante o sono, pois por que razão tal redução das funções psíquicas deveria ser característica do sono dos adultos, mas não do sono das crianças? Temos, entretanto, total motivo para esperar que a explicação dos processos psíquicos nas crianças, por mais simplificados que sejam, constitua uma indispensável preparação para o estudo da psicologia dos adultos.

Assim, relatarei alguns exemplos de sonhos que colhi de crianças. Uma menina de 19 meses ficou sem se alimentar durante um dia inteiro por ter vomitado pela manhã, o que teria sido causado, segundo a babá, por morangos que ela comera. Na noite seguinte ao dia de jejum, ela foi ouvida dizendo seu próprio nome durante o sono e acrescentando: "*molango, ovos, papinha*". Ela sonha que está comendo e seleciona em sua dieta exatamente os alimentos que supõe que agora teria apenas em pequenas quantidades.

Um menino de 22 meses teve o mesmo tipo de sonho com um prato proibido. No dia anterior, disseram-lhe para presentear o tio com um cesto de cerejas, das quais a criança só pôde comer uma. Ele acordou dando uma alegre notícia:

— Hermann comeu todas as cerejas!

Uma menina de 3 anos e meio fez, durante o dia, uma viagem lacustre[5] que lhe pareceu curta demais, e chorou quando teve de sair do barco. Na manhã seguinte, contou que durante a noite ela havia estado no lago, dando prosseguimento, assim, à viagem interrompida.

Um menino de 5 anos e 3 meses[6] ficou insatisfeito com um passeio em grupo pela região do Monte Dachstein. Sempre que um novo pico era avistado, ele perguntava se aquele era o Dachstein; por fim, recusou-se a acompanhar os demais até a cachoeira. Seu

---

5. Segundo as traduções cotejadas, o passeio se dá por um lago, e não pelo mar. Mais uma vez, Eder se equivocou. (N.T.)

6. Segundo as traduções cotejadas. Eder cita "cinco anos e meio". (N.T.)

comportamento foi atribuído ao cansaço, mas uma explicação melhor surgiu quando, na manhã seguinte, ele contou seu sonho: *havia subido o Dachstein*. Obviamente ele havia imaginado que a subida do Dachstein fosse o objetivo da excursão e irritou-se por não ter sequer um vislumbre da montanha. O sonho proporcionou a ele o que o dia anterior lhe negara. O sonho de uma menina de 6 anos foi semelhante: seu pai havia interrompido uma caminhada antes de atingir o objetivo prometido, por estar muito tarde. Na volta, ela viu uma placa que indicava o nome de outro local de excursões. O pai prometeu também levá-la até lá em um outro dia. Ela deu bom-dia ao pai na manhã seguinte com a notícia de que tinha sonhado que *ele estivera com ela em ambos os lugares*.

Está evidente o que todos esses sonhos têm em comum. Eles satisfazem por completo desejos que foram despertados durante o dia e que permanecem não realizados. São simplesmente, e de modo indisfarçável, realizações de desejos.

O seguinte sonho infantil, à primeira vista difícil de compreender, nada mais é do que uma realização de desejo. Uma menina com pouco menos de 4 anos de idade foi levada do campo para a cidade por conta de sua poliomielite e passou a noite na casa de uma tia sem filhos, em uma cama grande que, naturalmente, lhe pareceu enorme. Na manhã seguinte, contou ter sonhado que *a cama era pequena demais para ela e, por isso, não conseguiu caber nela*. É fácil explicar tal sonho como um sonho de desejo quando recordamos que ser "grande" é um desejo expresso com frequência por todas as crianças. Para a Senhorita Quero-Ser-Grande, o tamanho da cama era uma recordação implacável de sua pequenez. Essa situação desagradável foi corrigida no sonho, e ela cresceu tanto que a cama agora era pequena demais para ela.

Mesmo quando os sonhos infantis são complexos e elaborados, permanece bem evidente que devem ser compreendidos como uma realização do desejo. Um menino de 8 anos sonhou que estava sendo levado, junto com Aquiles, em uma carruagem de guerra conduzida por Diomedes. No dia anterior, ele estivera lendo avidamente sobre grandes heróis. É fácil notar que ele adotou tais heróis como seus modelos e que lamentava não estar vivendo naquela época.

Essa pequena coletânea evidencia uma outra característica dos sonhos das crianças: sua *conexão com a vida diurna*. Os desejos que são realizados nesses sonhos são *restos diurnos*, via de regra, do dia anterior, e estiveram presentes nos pensamentos durante esse período, revestidos de intenso sentimento. Eventos acidentais e sem importância, ou que assim o pareçam para a criança, não encontram lugar no conteúdo do sonho.

Inúmeros exemplos de sonhos desse tipo infantil podem ser encontrados também entre os adultos, mas, como já foi mencionado, em geral são exatamente iguais ao conteúdo manifesto. Assim, um grupo qualquer de pessoas, ao sentir sede durante a noite, em geral reagirá com um sonho sobre beber, em um esforço para se livrar dessa sensação e permitir que o sono continue. Muitas pessoas têm com frequência tais *sonhos de conforto* antes de acordar, justamente quando são chamadas. A seguir sonham que já estão acordadas, que estão se lavando ou que já estão na escola, no trabalho, etc., onde tinham uma hora certa para estar. Na noite anterior a uma viagem marcada, não raro sonhamos já ter chegado a nosso destino. Antes de ir a uma peça de teatro ou a uma festa, é frequente que o sonho antecipe, impaciente, por assim dizer, o prazer que esperamos ter. Outras vezes, o sonho expressa a realização do desejo de forma um tanto indireta; alguma conexão, alguma sequência deve ser encontrada — é o primeiro passo para reconhecer o desejo. Assim, quando um marido me relatou que, no sonho de sua jovem esposa, a menstruação havia começado, fui levado a pensar que a jovem teria imaginado estar grávida caso a menstruação tivesse falhado em vir. O sonho é, então, uma alusão à gravidez. Seu significado deve ser interpretado como sendo o desejo realizado de que a gravidez ainda não deveria ocorrer. Em circunstâncias inusitadas e extremas, os sonhos desse tipo infantil se tornam muito frequentes. O líder de uma expedição polar nos conta, por exemplo, que durante o inverno que passaram em meio ao gelo, com uma dieta monótona e rações reduzidas, seus homens sonhavam regularmente, como crianças, com refeições fartas, com montanhas de tabaco e com o lar.

Não é incomum que, de algum sonho longo, complexo e confuso, um trecho especialmente lúcido se destaque contendo a inequívoca realização de um desejo, mas entremeado a muito material ininteligível. Analisando com maior frequência os sonhos aparentemente mais transparentes de adultos, é surpreendente descobrir que raramente são tão simples quanto os sonhos das crianças e que guardam algum outro significado além daquele da realização de um desejo.

Seria, é claro, uma solução simples e conveniente do enigma dos sonhos se o trabalho de análise nos permitisse encontrar a origem dos sonhos sem sentido e confusos dos adultos no tipo infantil, na realização de algum desejo vivido com intensidade durante o dia. Mas não há uma base para tal expectativa. Os sonhos do adulto em geral estão repletos dos elementos mais irrelevantes e estranhos, e nenhum traço da realização do desejo é encontrado em seu conteúdo.

Antes de deixarmos o tema dos sonhos infantis, que são obviamente desejos não realizados, é preciso mencionar outra característica importante dos sonhos, que foi percebida há muito tempo e é mais evidente nessa categoria de sonhos. Posso substituir qualquer um desses sonhos por uma frase que expresse um desejo: se a viagem lacustre tivesse durado mais tempo; se eu já estivesse limpo e vestido; se tivessem me deixado ficar com as cerejas em vez de dá-las a meu tio. Mas o sonho oferece algo mais do que a escolha, pois nele o desejo já está realizado; nele, a realização é real e ocorre no momento. As representações oníricas consistem, em sua maioria, se não na totalidade, em situações e, sobretudo, em imagens sensoriais visuais. Assim, nessa categoria de sonhos não está de todo ausente algum tipo de transformação, a qual pode ser denominada com muita propriedade como trabalho do sonho. *Uma ideia que só existe no terreno das possibilidades é substituída por uma visão de sua realização.*

II.
O mecanismo dos sonhos

Somos compelidos a supor que uma transformação desse tipo também tenha ocorrido em sonhos complexos, embora não saibamos se ela recaiu sobre algum desejo possível. O sonho apresentado como exemplo no início, que analisamos com certa minúcia, em duas ocasiões nos deu a oportunidade de suspeitar de alguma coisa assim. A análise revelou que a atenção de minha esposa estava voltada para outras pessoas à mesa, e que isso me desagradara; no sonho em si, ocorre *exatamente o contrário*, pois a pessoa que substitui minha esposa me dá toda a sua atenção. No entanto, depois de um incidente desagradável, o que poderia ser mais satisfatório do que desejar que o exato oposto tivesse acontecido, da forma como ocorre no sonho? O pensamento amargo de que nunca tive nada de graça, surgido na análise, está igualmente ligado ao comentário da mulher no sonho: "mas você sempre teve olhos tão belos". Portanto, uma parte da oposição entre o conteúdo latente e o conteúdo manifesto do sonho deve advir da realização de um desejo.

Outra manifestação do trabalho do sonho comum a todos os sonhos incoerentes é ainda mais evidente. Escolha um exemplo qualquer e compare o número de elementos separados que ele contém — ou a extensão do sonho, se ele estiver escrito — com os pensamentos oníricos gerados pela análise, e dos quais apenas um vestígio pode ser reencontrado no sonho em si. Não pode haver dúvida de que o trabalho do sonho resultou em uma extraordinária compressão, ou *condensação*. Não é fácil, a princípio, fazer uma estimativa quanto à magnitude da condensação; quanto mais aprofundarmos a análise, mais impressionados ficaremos. Não há, em um sonho, qualquer fator a partir do qual as cadeias de associações não conduzam a duas ou mais direções, nenhuma situação que não tenha sido construída a partir de duas ou mais impressões e acontecimentos. Por exemplo, uma vez sonhei com uma espécie de piscina onde, de repente, os banhistas se separavam e iam em todas as direções; em um ponto da borda estava uma pessoa que se curvou para um dos banhistas como se quisesse tirá-lo da piscina. A situação era uma composição, constituída por um evento que ocorreu à época de minha puberdade e por dois quadros, um dos quais eu vira pouco antes do sonho. Os quadros eram *A surpresa no banho*, do Ciclo de Melusina, de Schwind (note os banhistas se separando subitamente), e *O dilúvio*, de um mestre italiano. O pequeno incidente foi uma cena que presenciei em que uma senhora havia ficado na piscina e foi ajudada a sair da água pelo instrutor de natação. A situação do sonho que selecionei anteriormente para interpretação levou a todo um conjunto de recordações, e cada uma delas contribuiu para o conteúdo do sonho. Primeiro veio o breve episódio da época do meu namoro, sobre o qual já falei; a pressão de uma mão por baixo da mesa deu origem, no sonho, ao "debaixo da mesa", para o qual depois tive de encontrar um lugar na minha recordação. No episódio não houve, é claro, uma palavra sequer sobre "atenção exclusiva". A análise mostrou que tal elemento era a realização de um desejo por meio de seu contraditório, e estava relacionado ao comportamento de minha esposa na *table d'hôte*. Por trás dessa lembrança recente se esconde um episódio muito semelhante, e muito mais importante, da época de nosso noivado, que fez com que estivéssemos brigados por um dia inteiro. A intimidade, a mão pousada sobre o joelho, remete a uma conexão muito diferente e a outras pessoas totalmente distintas. Esse elemento do sonho torna-se então o ponto de partida de duas séries distintas de lembranças, e assim por diante.

O material dos pensamentos oníricos reunido para formar a situação do sonho deve, naturalmente, ser adequado para essa utilização. Seus elementos devem apresentar um ou mais fatores em comum. O trabalho do sonho procede como fazia Francis Galton com suas fotografias de família. Os diferentes elementos são superpostos um ao outro; aquilo que é comum à imagem composta se destaca com clareza, os detalhes opostos se anulam uns aos outros. Esse processo de reprodução explica, em parte, o caráter indefinido, de peculiar imprecisão, em tantos elementos do sonho. Para a interpretação dos sonhos, vale a seguinte regra: quando a análise revela *incerteza*, como numa situação de "ou... ou", entenda-se "e", interpretando cada uma das aparentes alternativas como ponto de partida independente para uma série de associações.

Quando não há nada em comum entre os pensamentos oníricos, o trabalho do sonho se dá ao trabalho de criar algo, a fim de tornar factível uma representação em comum no sonho. A maneira mais simples de aproximar entre si dois pensamentos oníricos que ainda não têm nada em comum consiste em fazer uma tal alteração na expressão real de uma ideia que provoque em resposta uma ligeira reformulação no formato da outra ideia. É um processo análogo ao da rima, quando o som semelhante constitui o fator comum desejado. Boa parte do trabalho do sonho consiste na criação de tais pensamentos intermediários, que muitas vezes são bastante espirituosos, mas com frequência também parecem exagerados. Estes formam um vínculo entre a representação comum no conteúdo do sonho e os pensamentos oníricos, que são tão diversificados em forma e essência quanto as causas que os originam. Na análise do nosso exemplo de sonho, vejo um caso semelhante de transformação de um pensamento para que ele possa concordar com outro que lhe é, em essência, alheio. No correr da análise, deparei-me com o pensamento: *eu gostaria de ter algo de graça*. Mas essa fórmula não tem utilidade para o sonho. Por isso, é substituída por outra: "*gostaria de desfrutar de algo sem ter custo*".[7] A palavra "*kost*" (gosto), com seu duplo sen-

---

7. "*Ich möchte gerne etwas geniessen ohne 'Kosten' zu haben*": um trocadilho com a palavra "*kosten*", que tem dois significados, "gosto" e "custo". Em *A interpretação dos sonhos*, 3ª edição, nota de rodapé na p. 71, o professor Freud observa que "o melhor exemplo de interpretação de sonhos deixado pelos antigos é baseado em um trocadilho" (de *The Interpretation of Dreams*, tradução ao inglês da obra *Oneirokritika*], de Artemidoro de Daldis). "Além disso,

tido, é adequada para uma *table d'hôte*; além do mais, ela se encaixa por meio do significado especial no sonho. No lar, quando há algum prato que as crianças recusam, a mãe tenta primeiro uma persuasão gentil, com um "provem [*Kosten*] pelo menos um pedacinho".[8] Com certeza parece insólito que o trabalho do sonho utilize sem hesitação o duplo sentido da palavra; a larga experiência mostra, entretanto, que esta é uma ocorrência bastante comum.

Por meio da condensação do sonho é possível explicar certas partes integrantes de seu conteúdo que são peculiares apenas à vida onírica e que não se encontram na vida de vigília. São as pessoas coletivas e mistas e os estranhos produtos mistos, criações comparáveis aos fantásticos animais compostos dos orientais; mas um minuto de reflexão basta para reconhecer a identidade de cada um, enquanto as fantasias oníricas são sempre recriadas, uma e outra vez, numa riqueza inesgotável. Todos nós encontramos tais imagens em nossos próprios sonhos; há inúmeras formas pelas quais surgem. Posso construir uma pessoa pegando emprestado uma característica dessa pessoa, outra característica daquela, ou dar o nome de uma à imagem de outra em meu sonho. Posso também visualizar uma pessoa, mas colocá-la em uma situação que ocorreu com outra. Em todos esses casos em que diferentes pessoas são amalgamadas em uma substituta existe algum significado. Tais casos indicam um "e", um "tal como", uma comparação da pessoa original sob um determinado aspecto, comparação essa que pode também ser feita no próprio sonho. Via de regra, porém, a identidade das pessoas misturadas só é detectável por meio da análise, e apenas é indicada no conteúdo do sonho pela formação da pessoa "combinada".

---

os sonhos estão tão intimamente ligados à linguagem que Ferenczi, de fato, observa que cada língua tem sua própria língua onírica. Um sonho é, via de regra, intraduzível para outras línguas." [Nota do tradutor para o inglês]

8. Não faz muito sentido no original. Adicionamos esse trecho a partir da tradução ao espanhol, bem como da tradução de Strachey. (N.T.)

A mesma diversidade de modos de formação e as mesmas regras para sua resolução valem também para a infinidade de combinações de conteúdos do sonho, e é desnecessário que eu forneça exemplos. Sua estranheza desaparece por completo quando decidimos não os colocar no mesmo nível que os objetos de nossa percepção quando acordados, mas recordar que constituem o produto da condensação onírica por exclusão de detalhes desnecessários, dando destaque às características que são comuns aos elementos combinados. A análise também deve, de forma geral, informar as características em comum. O sonho diz simplesmente: *todas essas coisas têm a característica "x" em comum.* A decomposição dessas imagens combinadas por meio da análise é muitas vezes o caminho mais rápido para a interpretação de um sonho. Assim, certa vez, sonhei que estava sentado com um antigo professor meu da universidade em um banco, que se movia com rapidez, de forma contínua, em meio a outros bancos. Era uma combinação de sala de aula e esteira rolante. Não explorarei mais a fundo essa cadeia de pensamento. Em outra ocasião, eu estava sentado em um vagão de trem e tinha no colo um objeto em forma de cartola, que, no entanto, era feito de vidro transparente. A situação me trouxe de imediato à mente o provérbio "com o chapéu na mão, você pode viajar por todo o país".[9] Com uma leve distorção, o *chapéu de vidro* me lembrou a *lâmpada de Auer*, e eu soube que estava prestes a inventar algo que me tornaria tão rico e independente quanto havia se tornado meu conterrâneo doutor Auer von Welsbach[10] com sua invenção; então eu deveria ser capaz de viajar em vez de permanecer em Viena. No sonho, eu estava viajando com minha invenção, a cartola de vidro que era um tanto desajeitada, é verdade. O trabalho do sonho tem uma habilidade peculiar em

---

9. "*Mit den Hute in der Hand kommt man durchs ganze Land*" (traduzido diretamente do alemão): provérbio que se refere a alguém humilde e respeitoso durante uma viagem (de forma figurada, ao longo da vida). (N.T.)

10. Eder se equivocou e traduziu o "von" como "Doutor Auer, de Welsbach", mas ele faz parte do nome próprio (Auer von Welsbach). (N.T.)

representar duas concepções contraditórias por meio de uma mesma imagem mista. Assim, por exemplo, uma mulher sonhava consigo mesma carregando uma flor com um longo talo, como nos quadros da Anunciação de Maria (a flor simbolizando a castidade; o nome da mulher é Maria), mas o talo estava coberto com grandes flores brancas,[11] que lembravam camélias (contraste com a castidade: *A dama das camélias*).

Muito do que chamo de "condensação onírica" pode ser resumido a uma fórmula. Cada elemento do conteúdo dos sonhos é *sobredeterminado* pelo material dos pensamentos oníricos; ele não é derivado de um único elemento de tais pensamentos, mas de toda uma série de elementos. Estes não têm necessariamente alguma interligação uns com os outros, podendo pertencer às mais diversas esferas do pensamento. O elemento onírico, de fato, representa, dentro do conteúdo do sonho, todo esse material díspar. A análise, entretanto, revela ainda um outro ângulo da relação entre o conteúdo do sonho e os pensamentos oníricos. Assim como cada elemento do sonho leva a associações com vários pensamentos oníricos, da mesma forma, via de regra, o *pensamento onírico está representado por mais de um elemento do sonho*. Os fios da associação não convergem simplesmente dos pensamentos oníricos para o conteúdo do sonho, mas em seu percurso se cruzam e se entrelaçam de múltiplas formas.

Junto com a transformação de um pensamento em uma situação (a "dramatização"), a condensação é o traço mais importante e mais característico do trabalho do sonho. Ainda não tenho ideia de qual seria o motivo que leva a tal compressão do conteúdo.

No caso dos sonhos complicados e confusos de que agora nos ocupamos, a condensação e a dramatização não explicam totalmente a diferença entre os conteúdos do sonho e os pensamentos

---

11. Strachey observa que o correto provavelmente seria "vermelho", e se refere à *Interpretação dos sonhos*, capítulo VI, final da seção D. (N.T.)

oníricos. Há evidências de um terceiro fator, que merece cuidadosa consideração.

Quando cheguei, graças à minha análise, à compreensão dos pensamentos oníricos, percebi que o material do conteúdo manifesto dos sonhos é muito diferente daquele do conteúdo latente. Essa diferença é apenas aparente, admito, e desaparece com uma investigação mais aprofundada, pois, no fim das contas, vejo todo o conteúdo do sonho presente nos pensamentos oníricos e quase todos os pensamentos oníricos novamente representados no conteúdo do sonho. Apesar disso, uma certa diferença persiste.

O conteúdo essencial que se sobressaiu de forma clara e ampla no sonho deve, depois da análise, contentar-se em desempenhar um papel bastante subalterno entre os pensamentos oníricos. Esses mesmos pensamentos oníricos que, segundo meus sentimentos, estão revestidos da máxima importância se encontram ou totalmente ausentes do conteúdo do sonho ou estão representados por alguma alusão remota em algum ponto obscuro do sonho. Posso descrever da seguinte forma esses fenômenos: *durante o trabalho do sonho, a intensidade psíquica dos pensamentos e concepções aos quais ele de fato corresponde é transferida para outros que, a meu ver, não têm direito a semelhante ênfase.* Nenhum outro processo contribui tanto quanto este para o ocultamento do significado do sonho e para tornar irreconhecível a conexão entre o conteúdo do sonho e as ideias oníricas. Durante esse processo, que chamarei de *deslocamento do sonho*, percebo que também a intensidade psíquica, a importância ou a natureza emocional dos pensamentos são transformados em vividez sensorial. O que ficou mais vívido no sonho parece-me ser, sem maiores considerações, o mais importante; com frequência, porém, é em algum elemento obscuro do sonho que consigo reconhecer a derivação mais direta do pensamento onírico principal.

Eu poderia muito bem chamar esse deslocamento do sonho de *transvaloração de valores psíquicos.*[12] Tais fenômenos não terão sido considerados em todas as suas dimensões a menos que eu acrescente que esse deslocamento ou transposição ocorre, nos diferentes sonhos, em graus extremamente variados. Há sonhos que acontecem quase sem nenhum deslocamento. Estes têm o mesmo tempo, significado e clareza que encontramos nos sonhos que registram um desejo. Em outros sonhos, nenhum elemento da ideia onírica manteve seu próprio valor psíquico ou tudo o que era essencial nas ideias oníricas foi substituído por elementos não essenciais; entre tais extremos podem ser observados todos os tipos de casos intermediários. Quanto mais obscuro e complexo é um sonho, maior é o papel que se pode atribuir ao fator do deslocamento em sua formação.

O exemplo escolhido para análise mostra ao menos esse grau de deslocamento: seu conteúdo tem um centro de interesse diferente daquele dos pensamentos oníricos. No primeiro plano do conteúdo do sonho, a situação principal é a de uma mulher que parece me fazer uma investida amorosa; já no pensamento onírico, o interesse principal recai no desejo de desfrutar de um amor desinteressado, "sem custo"; tal ideia está por trás da conversa sobre os belos olhos e a alusão improvável a "espinafre".

Se desfizermos o deslocamento do sonho por meio da análise, chegaremos a conclusões bastante seguras sobre dois problemas do sonho muito debatidos: que fatores provocam um sonho e qual a conexão do sonho com nossa vida de vigília. Há sonhos que de imediato expõem suas ligações com os acontecimentos do dia; em outros, nenhum vestígio de tal conexão pode ser encontrado. Com o auxílio da análise, pode-se demonstrar que todo sonho, sem exceção, está ligado a nossa impressão diurna, ou, talvez fosse mais correto

---

12. Esta edição mantém-se fiel à forma usual como é traduzido o conceito nietzschiano; a tradução de Strachey deixa claro que era a esse conceito que Freud se referia: "O que eu denominei deslocamento do sonho poderia igualmente ser descrito [na frase de Nietzsche] como uma 'transvaloração de valores psíquicos'". (N.T.)

dizer, do dia anterior ao sonho. As impressões que instigaram o sonho podem ser tão importantes que não ficamos surpresos de ter nos ocupado delas enquanto acordados; nesse caso, estamos certos ao dizer que o sonho dá continuidade aos interesses mais relevantes de nossa vida de vigília. Mais comumente, no entanto, quando o sonho contém algum elemento relacionado às impressões diurnas, é algo tão ínfimo, irrelevante e tão merecedor de esquecimento que só com esforço podemos recordá-lo. O conteúdo do sonho parece, assim, mesmo que coerente e inteligível, ocupar-se de trivialidades indiferentes, que não seriam dignas de interesse durante a vigília. O desprezo com que os sonhos são vistos deve-se, em grande parte, à predominância do indiferente e do inútil em seu conteúdo.

A análise destrói a aparência em que se baseia esse juízo depreciativo. Quando o conteúdo do sonho não revela mais do que alguma impressão indiferente como sua instigadora, a análise sempre indica algum evento significativo que foi substituído por um elemento indiferente, com o qual apresenta abundantes associações. Quando o sonho apresenta conteúdo desinteressante e sem importância, a análise revela as diversas vias associativas que conectam tais trivialidades com aquilo que, na estimativa psíquica do indivíduo, é importante. *Só se trata de ação de deslocamento se o que ganha reconhecimento no conteúdo do sonho são os elementos indiferentes, e não as impressões que constituem de fato o estímulo ou as coisas de real interesse.* Ao respondermos às perguntas sobre o que provoca o sonho, e qual sua conexão com os assuntos do dia a dia, devemos dizer, com base no conhecimento que obtemos com a substituição do conteúdo manifesto do sonho pelo conteúdo latente: *o sonho nunca se preocupa com coisas que não mereceriam nossa preocupação no estado de vigília, e trivialidades que não nos perturbam durante o dia não têm poder para nos perseguir enquanto dormimos.*

O que instigou o sonho no exemplo que analisamos? O evento realmente irrelevante de meu amigo ter oferecido uma *carona de graça em seu táxi*. A cena da *table d'hôte* no sonho contém uma alusão a esse motivo causador banal, pois na conversa eu estabelecera um paralelo entre o táxi e a *table d'hôte*. Mas sou capaz de apontar o evento importante que tem por substituto o evento trivial. Alguns dias antes, eu havia desembolsado uma grande soma de dinheiro para um membro da minha família que me é muito querido. Não admira, diz o pensamento onírico, se essa pessoa for grata a mim por isso — esse amor não é gratuito. Mas o amor que não custará nada é um dos pensamentos centrais do sonho. O fato de pouco antes eu ter feito várias *corridas de táxi* com o parente em questão faz com que a corrida no táxi de meu amigo possa lembrar a conexão com a outra pessoa. A impressão indiferente que, por conta de tais associações, instiga o sonho está atrelada a uma outra condição que não se aplica à fonte real do sonho — a impressão deve ser *recente*, surgindo tudo a partir do dia do sonho.

Não posso abandonar a questão do deslocamento do sonho sem antes referir-me a um processo notável para a formação dos sonhos, em que condensação e deslocamento atuam em conjunto. Na abordagem à condensação já foi mencionado o caso em que duas concepções oníricas que tenham algo em comum, um ponto de contato, são substituídas no conteúdo onírico por uma imagem composta, em que um núcleo mais nítido corresponde ao que ambas têm em comum, e modificações secundárias indistintas correspondem àquilo em que diferem. Se o deslocamento é acrescentado à condensação, não há formação de uma imagem composta, mas uma *média comum*, que mantém com os elementos individuais a mesma relação que a resultante do paralelogramo de forças mantém com seus componentes. Em um dos meus sonhos, por exemplo, fala-se de uma injeção de *propil*. Numa primeira análise, descobri um incidente indiferente, mas real, em que a *amila* desempenhou um papel como instigadora do sonho. Ainda não posso justificar a troca de amila por propil. No círculo de ideias do mesmo sonho, no entanto, encontra-se a lembrança da minha primeira visita a Munique, durante a qual o

Propileu[13] me impressionou. As circunstâncias da análise permitem pensar que a influência desse segundo grupo de representações tenha provocado o deslocamento de amila para propil. *Propil* é, por assim dizer, um intermediário entre *amila* e *propileu*; ele entrou no sonho como uma espécie de *compromisso*, por meio de condensação e deslocamento simultâneos.

A necessidade de descobrir algum motivo para esse trabalho desconcertante do sonho é ainda maior no caso do deslocamento do que no da condensação.

Embora o trabalho de deslocamento deva ser considerado o principal responsável quando os pensamentos oníricos não são reencontrados ou reconhecidos no conteúdo do sonho (a menos que possamos compreender o motivo das alterações), existe outra forma de transformação, mais suave, que atua sobre os pensamentos oníricos e leva à descoberta de uma operação nova, mas de fácil compreensão, do trabalho do sonho. Os primeiros pensamentos oníricos que são desvendados pela análise frequentemente impressionam pela forma insólita como são expressos em palavras. Eles não parecem ser expressos na linguagem sóbria que nosso pensamento prefere; ao contrário, são expressos simbolicamente por alegorias e metáforas, como a linguagem figurativa dos poetas. Não é difícil encontrar os motivos desse grau de constrangimento na expressão dos pensamentos oníricos. O conteúdo dos sonhos consiste principalmente de situações visuais; assim, os pensamentos oníricos devem, antes de mais nada, estar preparados para fazer uso dessa forma de representação. Imagine que o discurso de um líder político ou de um advogado tenha de ser transposto para a pantomima e será fácil compreender as transformações a que o trabalho do sonho é forçado em consideração dessa *dramatização do conteúdo onírico*.

Entre o material psíquico dos pensamentos oníricos geralmente são encontradas lembranças de experiências marcantes, não raro da

13. Nota de Strachey: pórtico cerimonial no modelo ateniense. (N.T.)

primeira infância — situações que, via de regra, foram apreendidas de forma visual. Sempre que possível, essa parte dos pensamentos oníricos exerce uma influência crucial sobre a forma assumida pelo conteúdo dos sonhos; ela funciona como um núcleo de cristalização, atraindo e reorganizando o material dos pensamentos oníricos. A situação do sonho com frequência não passa de uma repetição modificada, complicada por interpolações, de algum desses acontecimentos marcantes; é muito raro que no sonho apareçam reproduções precisas e não misturadas de cenas reais.

O conteúdo dos sonhos, no entanto, não consiste somente de situações, mas também inclui fragmentos dispersos de imagens visuais, conversas e até trechos de pensamentos inalterados. Será talvez interessante se analisarmos com brevidade as formas de dramatização disponíveis ao trabalho do sonho para reproduzir os pensamentos oníricos na linguagem peculiar do sonho.

Os pensamentos oníricos a que chegamos por meio da análise mostram-se como um complexo psíquico de estrutura extremamente complicada. Seus fragmentos mantêm entre si as mais variadas relações; formam primeiros planos e planos de fundo, condições, digressões, exemplos, argumentações e objeções. Pode-se dizer que é quase regra que uma cadeia de pensamento seja seguida por seu contraditório. Nenhuma característica que nos é familiar por nosso pensamento de vigília está ausente. Se tudo isso deve se transformar em um sonho, o material psíquico é submetido a uma pressão que o condensa ao extremo, à fragmentação interna e ao deslocamento que criam superfícies novas, e a um amálgama seletivo dos elementos mais aptos para a construção dessas situações. Tendo em conta a origem desse material, o termo *regressão* pode ser razoavelmente aplicado a esse processo. As cadeias lógicas que até então mantinham unido o material psíquico se perdem nessa transformação para o conteúdo do sonho. O trabalho do sonho colhe, por assim dizer, somente o conteúdo essencial dos pensamentos oníricos para elaboração. Resta à análise restaurar as conexões que o trabalho do sonho destruiu.

Os meios de expressão do sonho devem, portanto, ser considerados escassos em comparação com os de nossa imaginação, embora o sonho não abandone por completo a recriação das relações lógicas entre os pensamentos oníricos. Ao contrário, ele consegue muitas vezes substituí-las por caracteres formais próprios.

Em razão da conexão inegável existente entre todas as partes dos pensamentos oníricos, o sonho é capaz de incorporar todo esse material em uma única situação. Ele reflete uma *conexão lógica* como *aproximação no tempo e no espaço*, assim como faz o pintor que reúne, em seu quadro do Parnaso, poetas que nunca estiveram juntos no alto de uma montanha, mas que conceitualmente formam uma comunidade. O sonho continua esse método de apresentação em sonhos individuais, e, com frequência, quando dois elementos aparecem muito próximos, isso indica uma conexão especial interna em termos do que representam nos pensamentos oníricos. Deve-se observar, além disso, que todos os sonhos de uma noite, ao serem analisados, mostram ter origem na mesma esfera de pensamento.

O nexo causal entre duas ideias pode ser deixado sem representação ou ser substituído por dois longos trechos diferentes de sonho, um após o outro. Em diversas situações, tal representação aparece de forma invertida, com a dedução no início do sonho e a hipótese no final dele. A *transformação* direta de uma coisa em outra no sonho parece obedecer à relação de *causa* e *efeito*.

O sonho nunca expressa a *alternativa "ou... ou"*, mas acolhe ambas as opções como tendo igual validade dentro desse contexto. Como já mencionei, quando "ou... ou" é usado no relato do sonho, ele deve ser substituído por "*e*".

Representações opostas entre si são expressas no sonho de preferência por um mesmo elemento.[14] Não parece existir "não" nos so-

14. Cabe notar que eminentes filólogos sustentam que línguas mais antigas tendiam a usar a mesma palavra para expressar antíteses bastante amplas. No ensaio "Ueber den Gegensinn

nhos. A oposição entre dois pensamentos, a relação de inversão, está representada nos sonhos de forma bastante notável. Ela se expressa com a transformação de outro trecho do conteúdo onírico em seu oposto, como se fosse um comentário posterior. Mais adiante, será abordada outra forma de expressar a contradição. A sensação de *inibição do movimento*, comum nos sonhos, serve para representar a contradição entre impulsos — é um *conflito da vontade*.

Dentre as relações lógicas, apenas uma — aquela de *semelhança, identidade, concordância* — está altamente desenvolvida no mecanismo de formação dos sonhos. O trabalho dos sonhos faz uso desses casos como ponto de partida para a condensação, reunindo tudo o que mostra tal concordância em uma *nova unidade*.

Essas observações breves e grosseiras não são suficientes, por óbvio, para estimar toda a variedade de meios formais de que o sonho dispõe para exprimir as relações lógicas nos pensamentos oníricos. Nesse aspecto, sonhos individuais são elaborados de forma mais precisa ou mais descuidada, o texto será seguido com maior ou menor exatidão, auxiliares do trabalho onírico terão sido levados mais ou menos em consideração. No segundo caso de cada uma dessas alternativas, eles se mostram obscuros, confusos, incoerentes. Sempre que o sonho parece abertamente absurdo, quando contém um paradoxo óbvio em seu conteúdo, isto é proposital. Por meio de seu aparente desprezo pelos ditames da lógica, ele expressa uma parte do conteúdo intelectual dos pensamentos oníricos. No sonho, o absurdo denota a presença de *contradição, escárnio* ou *desdém*

---

der Urworter" de Carl Abel (1884), são dados os seguintes exemplos de tais palavras na Inglaterra: *gleam* [brilho] — *gloom* [escuridão]; *to lock* [fechar um canal com comportas] — *loch* [um longo braço de mar]; *down* [abaixo] — *The Downs* [colinas]; *to step* [dar um passo] — *to stop* [parar]. Em seu ensaio "The origin of language" (*Linguistic Essays*, p. 240), Abel diz: "Quando o inglês diz '*without*' [sem], seu julgamento não se baseia na justaposição comparativa de dois opostos, '*with*' [com] e '*out*' [sem]; '*with*' originalmente significava 'sem', como ainda pode ser visto em '*withdraw*' [retirar]. '*Bid*' inclui o sentido oposto de dar e de oferecer". Abel, "The english verbs of command", *Linguistic Essays*, p. 104; ver também Freud, "Ueber den Gegensinn der Urworte", *Jahrbuch für Psychoanalytische und Psychopathologische Forschungen*, vol. II, parte I, p. 179). [Nota do tradutor para o inglês] nos pensamentos oníricos. Como esse esclarecimento se opõe frontalmente à opinião de que o sonho se origina da atividade cerebral dissociada e acrítica, quero enfatizar meu ponto de vista com um exemplo:

> Um de meus conhecidos, o senhor M..., foi atacado por ninguém menos do que Goethe em um ensaio, com uma violência que todos afirmamos ser injustificável. Naturalmente, o senhor M... ficou arrasado com tal ataque. Ele reclama disso com grande amargura em um banquete, mas seu respeito por Goethe não diminuiu com essa experiência pessoal. Então tento esclarecer as relações cronológicas, que me parecem inverossímeis. Goethe morreu em 1832. Como seu ataque ao senhor M..., é claro, ocorreu antes disso, senhor M... deveria ser então um homem muito jovem. Parece-me plausível que ele tivesse 18 anos. Não tenho certeza, porém, do ano em que estamos, e todo o cálculo se torna obscuro. O ataque estava, aliás, contido no conhecido ensaio de Goethe sobre a "Natureza".

O caráter absurdo do sonho torna-se ainda mais gritante quando informo que o senhor M... é um homem de negócios ainda jovem, sem quaisquer interesses poéticos ou literários. Minha análise do sonho irá revelar qual é o método que existe nessa loucura. O sonho empregou material proveniente de três fontes:

1. O senhor M..., a quem fui apresentado em um *jantar*, rogou-me um dia que examinasse seu irmão mais velho, que apresentava sinais de perturbação mental. Na conversa com o paciente, ocorreu um episódio desagradável. Sem a menor necessidade, ele contou uma das *aventuras juvenis* de seu irmão. Eu havia perguntado ao paciente o *ano de seu nascimento* (*ano do óbito* no sonho), e o fizera realizar vários cálculos que poderiam revelar algum problema de memória.

2. Uma revista médica que exibia na capa meu nome, entre outros, havia publicado uma crítica *devastadora* a um livro de meu

amigo F..., de Berlim, escrita por um resenhista muito *jovem*. Entrei em contato com o editor, que, de fato, expressou seu pesar, mas não prometeu nenhuma reparação. Daí em diante, rompi relações com a revista; em minha carta de renúncia, manifestei a esperança de que *nossas relações pessoais não sofressem com aquele episódio*. Eis aqui a verdadeira fonte do sonho. A recepção negativa do livro de meu amigo causou em mim uma profunda impressão. Em minha opinião, a obra continha uma descoberta biológica fundamental que só agora, vários anos depois, começa a encontrar acolhida entre os especialistas.

3. Pouco tempo antes, uma paciente forneceu-me a história médica de seu irmão, que, aos gritos de "*natureza, natureza!*", havia perdido a sanidade. Os médicos sugeriram que a exclamação surgira da leitura do belo ensaio de Goethe e indicava que o paciente estava trabalhando demais. Manifestei a opinião de que me parecia *mais plausível* que o grito "natureza!" fosse interpretado com o sentido sexual empregado em nosso país também pelos menos cultos. Pareceu-me que minha interpretação tinha um fundo de razão, pois o infeliz jovem, depois, mutilou seus órgãos genitais. O paciente tinha 18 anos quando isso ocorreu.

A primeira pessoa nos pensamentos oníricos por trás do ego foi meu amigo que havia sido tão maltratado pela crítica. "*Então tento esclarecer as relações cronológicas.*" O livro de meu amigo aborda as relações cronológicas da vida e, entre outras coisas, correlaciona a duração da vida de *Goethe* a um número de dias que é, de várias formas, significativo para a biologia. Contudo, o ego é representado como alguém com paralisia ("*não tenho certeza, porém, do ano em que estamos*"). O sonho retrata meu amigo como se ele se comportasse como um paralítico e, assim, se lança no absurdo. Os pensamentos oníricos, porém, dizem, com ironia: "claro que ele é um louco, um tolo, e você é o gênio que sabe tudo sobre isso. Mas não seria *o inverso*?". Essa inversão obviamente ocorreu no sonho quando Goethe atacou o jovem, o que é um absurdo, enquanto qualquer um, por mais jovem que seja, pode ainda hoje atacar com facilidade o grande Goethe.

Estou preparado para defender que nenhum sonho é instigado por emoções que não sejam egoístas. O ego desse sonho não representa, de fato, apenas meu amigo, mas representa também a mim. Identifico-me com ele porque o destino de sua descoberta me parece prenunciar a recepção das *minhas próprias*. Se eu publicasse minha teoria, que postula a proeminência da sexualidade na etiologia dos transtornos psiconeuróticos (vide a alusão ao paciente de 18 anos — "*natureza, natureza!*"), a mesma crítica seria feita a mim, e até hoje seria objeto do mesmo desprezo.

Quando examino mais os pensamentos oníricos, só encontro *escárnio* e *desprezo* como *correlatos ao absurdo do sonho*. É fato sabido que a descoberta de um crânio de ovelha rachado no Lido, em Veneza, deu a Goethe a ideia para a chamada teoria vertebral do crânio. Meu amigo se orgulha de ter, como aluno, criado uma comoção pela demissão de um professor idoso cujo trabalho havia sido muito respeitado (inclusive na anatomia comparada), mas que, por conta da *senilidade*, se tornara incapaz de ensinar. A agitação causada por meu amigo teve todo esse êxito porque nas universidades alemãs não existe um *limite de idade* para o trabalho acadêmico. *A idade não é proteção contra a loucura*. No hospital daqui, tive durante anos a honra de trabalhar sob as ordens de um chefe que já era um fóssil fazia muito tempo, um notório *débil mental* havia décadas e, ainda assim, tinha autorização para continuar ocupando tal cargo de responsabilidade. Com relação a isso, pensei em um termo descritivo da descoberta feita no Lido.[15] Foi para esse homem que alguns jovens colegas do hospital adaptaram a gíria popular à época: "não foi nenhum Goethe que escreveu aquilo", "não foi nenhum Schiller que compôs aquilo", etc.

---

15. De acordo com uma nota de Strachey em sua tradução, o termo descritivo em que Freud pensou foi "*Schafkopf*", que significa, literalmente, "cabeça de ovelha", o que, por sua vez, quer dizer "burro", "tolo". (N.T.)

Ainda não esgotamos nossa apreciação do trabalho dos sonhos. Além da condensação, do deslocamento e da disposição visual definitiva do material psíquico, devemos atribuir ao trabalho do sonho ainda outra atividade — que, na verdade, não está presente em todos os sonhos. Não tratarei exaustivamente dessa parte do trabalho do sonho; limito-me a observar que a maneira mais fácil de delinear sua natureza é dar como certo — talvez de forma incorreta — que *ela só tem uma influência posterior sobre o conteúdo onírico já construído*. Sua ação consistiria, portanto, na coordenação dos elementos do sonho de tal forma que estes se aglutinassem em um todo coerente, uma composição onírica. O sonho ganha uma espécie de fachada que, é verdade, não esconde todo o seu conteúdo. Ele recebe uma espécie de explicação preliminar, que é reiterada por interpolações e pequenas alterações. Essa elaboração do conteúdo do sonho não deve ser por demais detalhada; ela resulta em um entendimento equivocado dos pensamentos oníricos, e nosso primeiro trabalho na análise de um sonho consiste em livrar-nos dessas tentativas iniciais de interpretação.

A motivação para essa parte do trabalho dos sonhos é bem evidente. Essa elaboração final do sonho ocorre *buscando inteligibilidade* — um fato que revela a origem de uma ação que se comporta em relação ao verdadeiro conteúdo do sonho da mesma forma que nossa atividade psíquica normal se comporta em relação a alguma percepção oferecida que nos agrada. O conteúdo do sonho é assim apreendido tendo por base expectativas prévias; no momento da percepção, já é classificado supondo-se ser inteligível — sob o risco, portanto, de ser falseado —, quando, de fato, as interpretações mais equivocadas surgem nos casos em que o sonho não pode ser relacionado com algo já familiar. Todos sabemos que somos incapazes de olhar para uma série de sinais que não nos são familiares ou de escutar uma sequência de palavras desconhecidas sem imediatamente falsear sua percepção, por meio de nossa *busca pela inteligibilidade*, usando como base algo que já nos é conhecido.

Podemos chamar de sonhos *bem construídos* aqueles que experimentaram essa elaboração por parte de uma atividade psíquica que é, em todos os sentidos, análoga ao pensamento de vigília. Em outros sonhos tal atividade falta por completo; não houve sequer a tentativa de estabelecer ordem e sentido. Consideramos o sonho como "completamente louco" porque, ao despertarmos, é com essa parte do trabalho do sonho citada por último, a elaboração do sonho, que nos identificamos. No que diz respeito a nossa análise, porém, o sonho que parece uma mistura de fragmentos desconexos tem o mesmo valor que aquele que já exibe uma bela superfície polida e harmoniosa. No primeiro caso, somos poupados, até certo ponto, do trabalho de demolir a superelaboração do conteúdo do sonho.

Contudo, seria um erro ver na fachada do sonho nada mais do que uma elaboração mal interpretada e um tanto arbitrária do conteúdo onírico, realizada pela instância consciente de nossa vida psíquica. Na produção dessa fachada, não raro são empregados desejos e fantasias que já estavam pré-formados nos pensamentos oníricos; estes são semelhantes aos devaneios de nossa vida de vigília, os "sonhos diurnos", como são apropriadamente chamados. Os desejos e fantasias que a análise revela em nossos sonhos noturnos muitas vezes se apresentam como repetições e modificações de cenas da infância. Assim, a fachada onírica pode nos mostrar diretamente o verdadeiro núcleo do sonho, distorcido pela mistura com outro material.

Além dessas quatro atividades já mencionadas, não há mais nada a ser descoberto no trabalho dos sonhos. Se nos ativermos à definição de que o trabalho do sonho consiste na transformação dos pensamentos oníricos no conteúdo dos sonhos, teremos de aceitar que o trabalho do sonho não é criativo; não desenvolve fantasias próprias, não julga nada, nada decide. Ele nada mais faz do que preparar o material para condensação e deslocamento e remodelá-lo para a dramatização, à qual deve ser acrescentado o inconstante mecanismo, citado por último, aquele da elaboração secundária. É verdade que parte do que se encontra no conteúdo do sonho pode ser entendido como o resultado de outra atividade mais intelectual; em todos os casos, porém, a análise mostra de forma cabal que tais *operações intelectuais já estavam presentes nos pensamentos oníricos e apenas foram incorporadas pelo conteúdo do sonho.* Um silogismo no sonho nada mais é do que a repetição de um silogismo nos pensamentos oníricos; parece inócuo se foi transferido para o sonho sem alteração, mas torna-se absurdo se no trabalho do sonho foi transferido para outro material. Um cálculo no conteúdo do sonho significa simplesmente que houve um cálculo nos pensamentos oníricos; embora isso seja sempre correto, o cálculo no sonho pode fornecer os resultados mais tolos por conta da condensação de seus fatores e o deslocamento das mesmas operações para outras coisas. Mesmo as falas que aparecem no conteúdo do sonho não são composições novas; é revelado que foram retiradas de falas que foram feitas, ouvidas ou lidas; as palavras são copiadas de forma fiel, mas as circunstâncias em que foram emitidas são ignoradas por completo, e seu significado é violentamente alterado.

Talvez seja interessante reiterar tais afirmações com exemplos:

1. Um sonho de uma paciente, bem construído e aparentemente inofensivo:

> Ela ia ao mercado com a cozinheira, que carregava a cesta. O açougueiro lhe disse, quando ela pediu algo a ele: "Isso não temos mais", e quis dar-lhe outra coisa, comentando: "isto é muito bom". Ela recusa e vai até a vendedora de legumes, que quer lhe vender um vegetal estranho que está amarrado em maços e tem cor preta. Ela diz: "eu não reconheço isso; não vou levar".

O comentário "isso não temos mais" provinha do tratamento. Alguns dias antes, eu mesmo dissera à paciente que as primeiras reminiscências da infância *não as temos mais* como tais, mas foram substituídas por transferências e sonhos. Era eu, portanto, o açougueiro.

O segundo comentário, "*eu não reconheço isso*", surgiu em um contexto muito diferente. Na véspera, ela mesma havia repreendido a cozinheira (que, além do mais, também aparece no sonho): "*comporte-se direito*; eu não reconheço *isso*", ou seja, "eu não reconheço esse tipo de comportamento, não vou aceitá-lo". A parte mais inocente dessa fala foi obtida por um deslocamento do conteúdo do sonho; nos pensamentos oníricos, apenas a outra parte da fala desempenhou um papel, pois o trabalho do sonho transformou uma situação imaginária em total irreconhecibilidade e completa inofensividade (ao mesmo tempo que eu, em certo sentido, me comporto de maneira indecorosa com a dama). A situação que resultou nessa fantasia nada mais é, contudo, do que uma reedição de algo que de fato ocorreu.

2. Um sonho aparentemente sem qualquer sentido, relacionado com números:

> Ela deseja pagar alguma coisa; sua filha tira de sua bolsa 3 florins e 65 kreuzers; mas ela diz: "O que você está fazendo? Isso custa só 21 kreuzers".

A sonhadora era uma estrangeira que havia colocado a filha em uma escola em Viena e que poderia continuar sob meu tratamento enquanto a menina permanecesse na cidade. No dia anterior ao sonho, a diretora da escola havia recomendado que ela mantivesse a criança mais um ano na escola. Nesse caso, ela poderia prolongar o tratamento por um ano. Os números do sonho adquirem importância se lembrarmos que tempo é dinheiro. Um ano equivale a 365 dias, ou, expresso em kreuzer, 365 kreuzers, isto é, 3 florins e 65 kreuzers. Os 21 kreuzers correspondiam às três semanas que se passariam desde o dia do sonho até o final do período letivo e, portanto, até o final do tratamento. Haviam sido, obviamente, considerações financeiras que levaram a dama a recusar a proposta da diretora, e que respondiam pela trivialidade do valor no sonho.

3. Uma dama, jovem, mas já com dez anos de casada, ficou sabendo que uma amiga sua, a senhorita Elise L..., mais ou menos da mesma idade que ela, havia ficado noiva. Isso deu origem ao seguinte sonho:

> Ela estava sentada com o marido no teatro; um dos lados da plateia estava completamente vazio. O marido lhe disse que Elise L... e seu noivo queriam ter ido também, mas só haviam conseguido lugares ruins, três por 1 florim e 50 kreuzers, e não quiseram aceitar. Na opinião dela, isso não teria feito muita diferença.

Neste caso, nos interessam a origem dos números obtidos nos pensamentos oníricos e as mudanças pelas quais passaram. De onde veio o valor de 1 florim e 50 kreuzers? De uma ocorrência insignificante da véspera. Sua cunhada ganhara 150 florins de presente do marido e rapidamente se livrou deles comprando alguma joia. Note que 150 florins é cem vezes um florim e 50 kreuzers. Para o *três*, que é o número de entradas de teatro, o único vínculo é que Elise L... é exatamente três meses mais nova que a sonhadora. A situação do sonho era a repetição de um pequeno incidente pelo qual o marido com frequência se divertia à custa dela. Certa vez, ela estava com muita pressa para conseguir entradas para uma peça a tempo, e, quando chegou ao teatro, *um dos lados da plateia estava quase vazio*. Não teria sido necessário ela ter *tanta pressa*. Também não podemos esquecer o *absurdo* do sonho de que duas pessoas comprassem três entradas para o teatro.

Agora vamos aos pensamentos oníricos. Foi *absurdo* ter me casado tão cedo. Eu *não precisaria* ter *tanta pressa*. O exemplo de Elise L... me mostra que eu poderia ter conseguido um marido mais tarde; na verdade, teria conseguido um marido *cem vezes melhor* se eu tivesse esperado. Poderia ter comprado *três* desses homens com o dinheiro (o dote).

III. Por que o sonho disfarça os desejos

Na exposição anterior, aprendemos algo sobre o trabalho do sonho; devemos considerá-lo como um processo psíquico bastante especial, que, até onde sabemos, não se assemelha a nada mais. Foi transferida para o trabalho do sonho aquela perplexidade que antes seu produto, o sonho, despertava em nós. Na verdade, o trabalho do sonho é só o primeiro processo psíquico que reconhecemos de toda uma série deles, aos quais deve ser remetida a origem dos sintomas histéricos, as ideias de fobia,[16] obsessão e delírio. A condensação e especialmente o deslocamento são aspectos sempre presentes nesses outros processos. A figurabilidade permanece sendo, por outro lado, uma peculiaridade do trabalho do sonho. Se essa explicação alinha o sonho à formação da doença psíquica, torna-se ainda mais importante compreender as condições essenciais de processos como a formação do sonho. Será talvez uma surpresa sabermos que nem o estado do sono nem a doença estão entre tais condições indispensáveis. Uma série de fenômenos do cotidiano das pessoas saudáveis, como esquecimentos, lapsos de linguagem e ações inábeis, bem como uma certa classe de erros, são originados por um mecanismo psíquico análogo ao do sonho e dos demais membros dessa série.

O deslocamento é o cerne do problema, e é a mais marcante de todas as operações do trabalho do sonho. Uma investigação minuciosa do tema mostra que a condição essencial do deslocamento é puramente psicológica; sua natureza é de uma *motivação*. Encontramos seus rastros ao dissecar experiências que não podemos

---

16. "*Morbid dread*" ("pavor mórbido") no original, "*phobia*" na edição de Strachey, "*fobia*" na tradução em português, "*ideas angustiosas*" no espanhol. Neste caso, preferimos usar o termo "fobia" por ser amplamente usado hoje em dia. (N.T.)

ignorar na análise dos sonhos. Na análise de meu sonho que usei como exemplo nas páginas 19-20, precisei interromper o relato de meus pensamentos oníricos porque encontrei algumas experiências que não desejo que sejam conhecidas por estranhos e que não poderia partilhar sem graves danos a importantes aspectos pessoais. Acrescentei que de nada adiantaria se escolhesse outro sonho no lugar daquele em particular; em todo sonho cujo conteúdo é obscuro ou confuso, vou deparar com pensamentos oníricos que pedem sigilo. Se, no entanto, eu continuo a análise para mim mesmo, sem me preocupar com os outros — para quem, de fato, um evento tão pessoal como meu sonho não terá importância —, chego, por fim, a pensamentos surpreendentes que não sabia ter, que não só parecem *alheios* a mim como também *desagradáveis*. Eu gostaria de repudiá-los com veemência, enquanto a cadeia de pensamentos que perpassa a análise os impõe a mim de modo inexorável. Só posso levar em conta tais circunstâncias caso admita que esses pensamentos são, de fato, parte da minha vida psíquica, como se tivesse uma certa intensidade ou alguma energia psíquica. No entanto, em virtude de uma condição psicológica particular, os *pensamentos não poderiam tornar-se conscientes para mim*. Chamo essa condição particular de "*recalque*". Portanto, é impossível para mim não reconhecer alguma relação causal entre a obscuridade do conteúdo do sonho e esse estado de recalque — essa *inadmissibilidade à consciência*. Donde concluo que a causa da obscuridade é *o desejo de ocultar esses pensamentos*. Assim, chego ao conceito da *distorção onírica* como produto do trabalho do sonho, que serve para a *dissimulação* como um propósito de disfarce.

Vou testar isso em meu próprio sonho e indagar: qual é o pensamento que, bastante inócuo em sua forma distorcida, em sua forma real provoca meu repúdio mais veemente? Lembro-me que a carona gratuita me fez recordar a última e dispendiosa corrida de táxi com um familiar, que a interpretação do sonho foi "eu gostaria de, ao menos uma vez, experimentar um afeto pelo qual eu não tivesse de pagar" e que, pouco antes do sonho, tive de desembolsar uma vultosa quantia por conta dessa mesma pessoa. Nesse contexto, não posso escapar à conclusão de que *lamento ter feito esse desembolso.* Só depois de reconhecer esse sentimento é que encontro algum sentido no meu desejo, no sonho, de um afeto que não exija de mim nenhum gasto. E, no entanto, posso afirmar com sinceridade que não hesitei por um só instante quando se tornou necessário gastar aquela quantia. O pesar que isso me provocou, essa corrente contrária de sentimento, não se tornou consciente para mim. O motivo pelo qual não o fez é uma outra questão, que nos levaria muito longe, e a resposta que tenho pertence a outro contexto.

Se eu sujeitar à análise o sonho de outra pessoa, em vez de um dos meus, o resultado é o mesmo; os motivos para convencer os outros, no entanto, mudam. Quando se trata do sonho de uma pessoa saudável, a única forma de levá-la a admitir a ideia recalcada é pela coerência dos pensamentos oníricos. Ela tem a liberdade de rejeitar tal explicação. Se, no entanto, estamos lidando com um paciente neurótico — por exemplo, um histérico —, o reconhecimento dos pensamentos recalcados é obrigatório, em razão da conexão destes com os sintomas de sua doença e da melhora resultante da troca dos sintomas pelas ideias recalcadas. Tomemos a paciente que teve o sonho do último exemplo, sobre os três ingressos a 1 florim e 50 kreuzers. A análise mostra que ela não tem o marido em alta conta, que lamenta ter se casado com ele, que ficaria feliz em trocá-lo por outro homem. É verdade que ela afirma amar o marido, que sua vida afetiva nada sabe sobre esse seu menosprezo (um outro cem vezes melhor!), mas todos os seus sintomas levam à mesma conclusão que o sonho. Depois que foram evocadas lembranças recalcadas de um certo período em que ela estava consciente de não amar o marido, seus sintomas desapareceram e, com isso, desapareceu sua resistência à interpretação do sonho.

Tendo estabelecido o conceito de recalque e relacionado a distorção do sonho com o material psíquico recalcado, estamos em condições de expressar, de forma geral, os principais resultados que a análise dos sonhos alcança. Descobrimos que os sonhos mais inteligíveis e com mais sentido dizem respeito a desejos não realizados; os desejos retratados pelo sonho como realizados são conhecidos pela consciência, estão retidos desde a vida diurna e são merecedores de interesse. A análise de sonhos obscuros e confusos revela algo muito semelhante; a situação onírica mais uma vez retrata como realizado algum desejo que via de regra surge dos pensamentos oníricos, mas o quadro é irreconhecível e só esclarecido na análise. O desejo em si é ou recalcado, estranho à consciência, ou está intimamente ligado a pensamentos recalcados. A fórmula para esses sonhos pode ser assim definida: *são a realização disfarçada de desejos recalcados.* É interessante notar que a crença popular tem razão quando considera o sonho como um prenúncio do futuro. No entanto, o futuro que o sonho nos mostra não é aquele que vai ocorrer, mas o que gostaríamos que ocorresse. A psicologia popular procede aqui de acordo com seus desejos, e acredita no que quer acreditar.

Os sonhos podem ser divididos em três classes, de acordo com seu comportamento para com a realização do desejo. A primeira é formada pelos sonhos que exibem, *sem disfarces*, um *desejo não recalcado*; são sonhos do tipo infantil, que no adulto vão se tornando cada vez mais raros. A segunda são os sonhos que expressam de *forma velada* algum *desejo recalcado*; constituem de longe o maior número de nossos sonhos e requerem análise para serem compreendidos. A terceira, os sonhos nos quais existe um desejo recalcado, mas *sem disfarce*, ou apenas com um leve disfarce. Esses sonhos são invariavelmente acompanhados por um sentimento de angústia, que põe fim ao sonho. Tal sentimento de angústia aqui substitui a distorção onírica; considero que o trabalho dos sonhos é o que o impede sonhos da segunda classe. Não é muito difícil provar que o que está presente agora no sonho como forte angústia foi outrora um desejo e agora está submetido ao recalque.

Há também sonhos com um claro conteúdo doloroso, mas sem a presença de qualquer ansiedade. Estes não podem ser contados entre sonhos de angústia; no entanto, sempre foram usados para provar que os sonhos carecem de sentido e de valor psíquico. Uma análise de um desses sonhos mostrará que ele pertence a uma segunda classe de sonhos — a realização *muito bem disfarçada* de desejos recalcados. Ao mesmo tempo vai demonstrar a excelência do trabalho de deslocamento para disfarçar desejos.

Uma jovem sonhou ter visto morto diante de si o único filho que restara a sua irmã, em circunstâncias idênticas às quais anos antes viu o corpo da primeira criança. Ela não sentiu dor alguma diante da cena, mas naturalmente rejeitou a ideia de que aquela situação representasse um desejo seu. Tampouco seria necessário aceitar essa ideia. Foi no funeral da criança, anos antes, que ela encontrou e conversou pela última vez com o homem que amava. Se o segundo filho morresse, ela com certeza encontraria aquele homem de novo na casa de sua irmã. Ela estava ansiosa para revê-lo, mas lutava contra esse sentimento. No dia do sonho, havia comprado um ingresso para uma palestra que anunciava a presença do homem que sempre amou. O sonho é um simples sonho de impaciência, como aqueles que são comuns antes de uma viagem, uma ida ao teatro ou outros tipos de prazeres já aguardados. O anseio é disfarçado pelo deslocamento da situação para uma ocasião em que qualquer sentimento de alegria fosse impróprio, ainda que no passado ele já tivesse ocorrido. Note-se, ainda, que o comportamento afetivo dentro do sonho não é adequado ao conteúdo deslocado do sonho, mas aos pensamentos oníricos reais, mas refreados. O sonho antecipa o tão esperado encontro; não há aqui nenhuma necessidade de emoções dolorosas.

Até agora, não houve ocasião para os filósofos se debruçarem sobre uma psicologia do recalque. É válido, portanto, que em nossos primeiros passos nesse território desconhecido busquemos uma concepção clara quanto à origem dos sonhos. O esquema a que cheguei, e não só a partir do estudo dos sonhos, é de fato bastante complicado, mas não posso encontrar nenhum mais simples que seja satisfatório. Deve ser um postulado que nosso aparelho psíquico contém duas instâncias para a construção dos pensamentos. A segunda tem o privilégio de que seus produtos encontram um caminho aberto para a consciência, enquanto a atividade da primeira instância é em si mesma inconsciente e só pode chegar à consciência por meio da segunda. Na fronteira entre as duas instâncias, na passagem da primeira para a segunda, estabelece-se uma censura que só deixa passar o que lhe agrada, retendo todo o resto. Aquilo que é repudiado pela censura está, de acordo com a definição, em estado de recalque. Sob certas condições, uma das quais é o estado de sono, a relação de forças entre as duas instâncias fica tão alterada que o que está recalcado não pode mais ser retido. No estado de sono, isso pode ocorrer por um relaxamento da censura; o que até então estava recalcado agora vai conseguir encontrar seu caminho para a consciência. No entanto, como a censura nunca está ausente por completo, mas apenas distraída, certas alterações devem ter lugar no material recalcado para aplacá-la. O que se torna consciente nesse caso é um compromisso, entre o que uma instância tem em vista e as exigências da outra. *Recalque, relaxamento da censura, compromisso* — é esse o fundamento para a origem do sonho e de muitos outros processos psicológicos. Em tais compromissos podemos observar os processos de condensação, de deslocamento e do uso de associações superficiais, como já encontramos no trabalho do sonho.

Não tenho nenhum motivo para encobrir o elemento de demonismo que desempenhou um papel na construção da explicação do trabalho do sonho. A impressão que fica é que a formação de sonhos obscuros se dá como se uma pessoa tivesse algo a dizer que deveria ser agradável aos ouvidos de outra pessoa da qual ela depende. É com base nessa imagem que formulei os conceitos de *distorção onírica* e de censura e empenhei-me em cristalizar minha impressão em uma teoria psicológica um tanto tosca, mas que ao menos é definida. Qualquer que seja a explicação que o futuro possa oferecer da primeira e da segunda instâncias, podemos ter a segurança de que será confirmado um correlato de minha suposição, qual seja, que a segunda instância rege o acesso à consciência e que pode barrá-lo à primeira.

Ao terminar o estado de sono, a censura volta ao domínio completo e pode então eliminar aquilo que foi concedido em um momento de fraqueza. Estou convencido, pela experiência, confirmada repetidas vezes, de que essa deve ser ao menos parte da explicação do *esquecimento* dos sonhos. Durante o relato ou a análise de um sonho, não é raro que de repente volte a emergir algum fragmento de seu conteúdo que parecia ter sido esquecido. Esse fragmento resgatado do esquecimento contém, via de regra, o melhor e mais direto acesso ao significado do sonho. Provavelmente é por isso que ele foi levado ao esquecimento, ou seja, uma vez mais suprimido.

Se encararmos o conteúdo onírico como a representação de um desejo realizado e atribuirmos sua obscuridade às alterações efetuadas pela censura no material recalcado, não teremos mais dificuldade para descobrir a *função* dos sonhos. Num contraste fundamental com opiniões populares que supõem que o sono é perturbado pelos sonhos, consideramos o *sonho como o guardião do sono.* No que se refere ao sonho infantil, a afirmação deve ser prontamente aceita.

O estado de sono, ou a alteração psíquica a ele atrelada, seja ela qual for, é produzido pela decisão de dormir imposta à criança ou à qual ela é compelida pelo cansaço, sendo possível apenas com a remoção de todos os estímulos que possam oferecer outros objetos ao aparelho psíquico. Os meios que servem para manter distantes os estímulos externos são conhecidos; mas quais são os meios que podemos usar para controlar os estímulos psíquicos internos que impedem o sono? Observemos uma mãe que faz o filho dormir. A criança está repleta de pedidos, quer outro beijo, quer brincar mais um pouco. Suas exigências são, em parte, atendidas, em parte, adiadas para o dia seguinte de forma autoritária. Está claro que tais desejos e necessidades que o deixam agitado são empecilhos ao sono. Todo mundo conhece a adorável história do escritor austríaco Baldwin Groller sobre o garoto malcriado que acordou à noite berrando "*eu quero o rinoceronte*". Um garoto comportado, em vez de gritar, teria *sonhado* que estava brincando com o rinoceronte. Uma vez que *acreditamos*, durante o sono, no sonho que realiza o desejo, ele elimina tal desejo e nos possibilita dormir. Não se pode contestar que essa crença é suscitada pela imagem onírica, que se reveste da aparência psíquica da percepção; a criança não tem a capacidade, adquirida mais tarde, para distinguir alucinações ou fantasias da realidade.

O adulto já aprendeu a fazer essa distinção; ele também entendeu a inutilidade do ato de desejar e, com a prática contínua, consegue adiar seus desejos até que possam ser realizados pela via tortuosa da alteração no mundo exterior. Por essa razão, é raro que o adulto tenha seus desejos realizados durante o sono por essa curta via psíquica. É possível até mesmo que isso nem sequer aconteça e que tudo o que nos pareça formado como um sonho infantil exija uma explicação muito mais elaborada. O fato é que, nos adultos — e para toda pessoa mentalmente saudável, sem exceção —, o material psíquico já passou por uma diferenciação que falta às crianças. Surgiu uma instância psíquica que, ensinada pela experiência da vida, exerce com zeloso rigor uma influência dominadora e inibidora sobre as emoções psíquicas; por sua relação com a consciência e por sua mobilidade espontânea, está dotada dos máximos recursos de poder psíquico. Parte das emoções infantis foi retida por essa instância como sendo inútil à vida, e todos os pensamentos que fluem dessas emoções são encontrados em estado de recalque.

Enquanto tal instância, em que reconhecemos nosso ego normal, se concentra no desejo de dormir, parece ser compelida pelas condições psicofisiológicas do sono a relaxar a energia com a qual, durante o dia, costumava conter o material recalcado. Esse abandono é inofensivo; por mais que as emoções da alma da criança possam estar agitadas, graças ao estado do sono têm o acesso à consciência dificultado e o acesso à motilidade bloqueado. O perigo de que perturbem o sono deve, no entanto, ser evitado. Além disso, devemos admitir que, mesmo no sono profundo, um certo grau de atenção livre é mobilizado como proteção contra estímulos sensoriais que por acaso possam fazer com que o despertar pareça mais adequado do que a continuidade do sono. Caso contrário, não poderíamos explicar o fato de sermos despertados a qualquer momento por estímulos de certa qualidade. Como destacou o fisiologista Burdach, a mãe é despertada pelo choro de seu filho; o moleiro, pela paralisação de seu moinho; a maioria das pessoas, quando é chamado baixinho seu nome. Essa atenção que se mantém alerta da mesma forma se volta para os estímulos internos oriundos dos desejos recalcados e combina-os para formar o sonho, que, como compromisso, satisfaz as duas instâncias ao mesmo tempo. O sonho cria uma forma de liberação psíquica para o desejo que é suprimido ou é formado com o auxílio do material recalcado, representando-o como realizado. A outra instância também é satisfeita, uma vez que a continuidade do sono está assegurada. Nosso ego, aqui, se comporta como uma criança; torna críveis as imagens do sonho, como se quisesse dizer: "sim, você tem razão, mas deixe-me dormir". O desprezo que, uma vez acordados, demonstramos pelo sonho, e que decorre de seu caráter confuso e aparentemente ilógico, talvez nada mais seja do que o julgamento de nosso ego adormecido sobre os sentimentos que provêm do recalque; com mais justificativa, tal julgamento deveria estar calcado na impotência motora desses perturbadores do sono. Durante o sono, por vezes estamos conscientes desse desprezo; se o conteúdo do sonho excede por demais a censura, pensamos: "é só um sonho"; e continuamos dormindo.

A visão não é invalidada pelo fato de existirem casos limítrofes em que o sonho não consegue manter a função de evitar interrupções do sono — como nos sonhos de angústia. Nesses casos, ele adquire outra função: suspender o sono no momento adequado. O sonho age como um consciencioso vigia noturno, que primeiro cumpre seu dever suprimindo perturbações para que não acordem os cidadãos, mas depois continua a fazê-lo de forma correta, acordando a rua inteira se acaso as causas das perturbações lhe parecerem sérias demais para conseguir lidar sozinho com elas.

Essa função dos sonhos torna-se especialmente clara quando surge algum estímulo para a percepção sensorial. É fato sabido que os sentidos despertados durante o sono influenciam o sonho, e isso pode ser verificado de forma experimental; é um dos resultados certos, embora muito superestimados, da investigação médica dos sonhos. Até agora, havia um enigma insolúvel ligado a essa descoberta. O estímulo sensorial que o experimentador faz incidir sobre o indivíduo adormecido não é reconhecido no sonho de forma correta, mas é alvo de uma série de interpretações indefinidas cuja determinação parece deixada ao livre-arbítrio psíquico. Não existe, é claro, esse livre-arbítrio psíquico. O indivíduo adormecido pode reagir de muitas maneiras a um estímulo sensorial externo. Ou ele acorda ou consegue continuar dormindo. Nesse último caso, ele pode fazer uso do sonho para se livrar do estímulo externo e, de novo, há mais de uma forma de fazê-lo. Por exemplo, ele pode se livrar do estímulo sonhando com uma cena que lhe é totalmente intolerável. Esse foi o meio utilizado por um sonhador acometido por um abscesso perineal doloroso. Ele sonhou que andava a cavalo, usando como sela o cataplasma que tinha a missão de aliviar sua dor, e assim se afastou da causa da perturbação. Ou, como ocorre com maior frequência, o estímulo externo sofre uma reinterpretação que o conecta com um desejo recalcado à espera de realização e o despoja de sua realidade, passando a ser tratado como se fosse parte do material psíquico. Assim, uma pessoa sonhou que tinha escrito uma comédia que incorporava um *mote* definido; estava sendo encenada, e o primeiro ato terminou em meio a aplausos entusiasmados, com intermináveis palmas. Nesse momento, o sonhador deve ter conseguido prolongar seu sono apesar da perturbação, pois quando acordou já não ouvia mais barulho algum; concluiu, com bons motivos, que alguém devia estar batendo um tapete ou um colchão. Todos os sonhos em que há um barulho alto, pouco antes de a pessoa acordar, tentaram usar uma outra explicação como forma de encobrir o estímulo para despertar, dessa maneira prolongando o sono por mais algum tempo.

Quem aceita sem ressalvas que essa *censura* é o principal motivo para a distorção onírica não ficará surpreso ao saber, pelos resultados da interpretação dos sonhos, que a análise remete a desejos eróticos a maioria dos sonhos dos adultos. Essa afirmação não diz respeito aos sonhos de conteúdo sexual não disfarçado, familiares a todos os sonhadores por experiência própria e que, em geral, são os únicos descritos como "sonhos sexuais". Mesmo esses sonhos, porém, já são bastante misteriosos por conta das pessoas a quem convertem em objetos sexuais, da remoção de todas as barreiras impostas às necessidades sexuais do sonhador na vida de vigília, dos muitos detalhes estranhos que fazem pensar no que se conhece como "perversões". Entretanto, o trabalho de interpretação feito na análise revela que muitos outros sonhos em cujo conteúdo manifesto nada de erótico pode ser encontrado constituem, na verdade, a realização de desejos sexuais; por outro lado, boa parte dos pensamentos que ficaram pendentes da vida de vigília como restos diurnos alcança representação nos sonhos com a ajuda de desejos eróticos recalcados.

Com vistas a esclarecer essa afirmação, que não constitui um postulado teórico, lembremos que nenhum outro grupo de instintos exigiu uma supressão tão intensa por conta da civilização quanto os impulsos sexuais; por outro lado, na maioria das pessoas, eles são os primeiros a se libertar das instâncias psíquicas superiores. Desde que aprendemos a reconhecer a *sexualidade infantil*, que muitas vezes se manifesta de forma tão discreta, e que em geral é tão desprezada e mal interpretada, estamos autorizados a dizer que quase toda pessoa civilizada conservou algum aspecto da conformação infantil da vida sexual; assim, entendo também que os desejos sexuais infantis recalcados fornecem os impulsos mais frequentes e mais poderosos para a formação dos sonhos.[17]

Só existe uma maneira pela qual o sonho que expressa algum desejo erótico consegue que seu conteúdo manifesto pareça inocentemente assexuado. O material dessas representações sexuais não pode ser exibido como tal, devendo ser substituído por insinuações, sugestões e outras formas indiretas semelhantes; à diferença de outros casos de representação indireta, a que é aqui empregada no sonho não deve ser de compreensão direta. Os meios de representação que preenchem esses requisitos são comumente denominados "símbolos". Um interesse especial tem sido direcionado a estes desde que se observou que os sonhadores que falam um mesmo idioma usam os mesmos símbolos — de fato, em certos casos, o uso do símbolo extrapola o âmbito de uma comunidade linguística. Uma vez que os próprios sonhadores não sabem o significado dos símbolos que usam, continua a ser um enigma a base de seu vínculo com o que substituem e denotam. O fato em si é indubitável e torna-se importante para a técnica da interpretação dos sonhos, uma vez que, com a ajuda do conhecimento desse simbolismo, é possível compreender o significado dos elementos de um sonho, ou trechos de um sonho, por vezes até mesmo do sonho inteiro, sem a necessidade de questionar o sonhador sobre suas próprias ideias. Aproximamo-nos, assim, da ideia popular de interpretação dos sonhos e, por outro lado, retomamos a técnica dos antigos, para os quais a interpretação dos sonhos era idêntica à sua explicação por meio do simbolismo.

Embora o estudo do simbolismo onírico esteja longe de ser completo, podemos fazer com bastante certeza uma série de afirmações gerais e de observações particulares. Há símbolos que praticamente sempre têm o mesmo significado: imperador e imperatriz (rei e

---

17. Sigmund Freud, "Three Contributions to Sexual Theory". Trad. Abraham Brill. *The Journal of Nervous and Mental Disease*. New York, Publishing Company.

rainha) sempre representam os pais; um quarto, uma mulher,[18] e assim por diante. Os órgãos sexuais são representados por uma grande variedade de símbolos, muitos dos quais seriam, a princípio, bastante incompreensíveis se seu significado não tivesse sido muitas vezes obtido por outros canais.

Há símbolos de uso universal, que encontramos em todos os sonhadores, dentro de um círculo de idioma e de cultura; outros têm apenas um significado pessoal, restrito a um indivíduo que o construiu com seu próprio material. Entre os primeiros, distinguem-se aqueles cujo uso em substituição a coisas sexuais é justificado de imediato pelo uso linguístico (por exemplo, termos decorrentes da agricultura, como fertilização ou semente), e outros cujas referências sexuais parecem remontar a épocas mais remotas e profundezas mais obscuras de nossa construção de imagens. O poder de construir símbolos, nos dois tipos referidos acima, não morreu. Objetos de invenção recente, como os dirigíveis, de imediato são alçados à condição de símbolos sexuais de uso universal.

Seria um grande erro supor que um conhecimento profundo do simbolismo onírico (a "linguagem dos sonhos") tornasse desnecessário o questionamento ao sonhador acerca de suas associações sobre o sonho; isso nos faria voltar completamente à técnica da antiga interpretação de sonhos. Além dos símbolos individuais e das variações no uso dos que são universais, nunca se sabe se um dado elemento do sonho deve ser interpretado simbolicamente ou em seu significado próprio; é certo, porém, que nem todo o conteúdo do sonho deve ser interpretado simbolicamente. O conhecimento dos símbolos oníricos vai apenas nos ajudar a compreender certos elementos do conteúdo do sonho e não torna prescindível o uso das regras técnicas anteriormente citadas. Ele será, porém, da

18. As palavras entre "e" e "canais", na próxima frase, constituem um pequeno resumo desse trecho no original. Como este livro será lido por pessoas não profissionais, o trecho não foi traduzido, em deferência à opinião inglesa. [Nota do tradutor para o inglês]

maior utilidade na interpretação de um sonho justamente quando as associações do sonhador não forem fornecidas ou suficientes.

O simbolismo onírico vai muito além do sonho e mostra-se também indispensável para a compreensão dos sonhos ditos "típicos" e dos sonhos "recorrentes". Não se manifesta apenas nos sonhos, mas também é relevante em lendas, mitos e sagas, no humor e no folclore. Ele nos compele a buscar o significado interior dos sonhos nessas produções. Devemos, contudo, reconhecer que o simbolismo onírico não é resultado do trabalho do sonho, constituindo muito provavelmente uma característica de nosso pensamento inconsciente, que fornece ao trabalho do sonho o material para a condensação, o deslocamento e a dramatização.

IV. A análise dos sonhos

Talvez comecemos agora a imaginar que a interpretação dos sonhos pode nos dar vislumbres sobre a estrutura de nosso aparelho psíquico que até agora esperamos em vão da filosofia. Não seguiremos, porém, esse caminho, mas retornaremos a nosso problema original assim que tivermos esclarecido o tema da distorção dos sonhos. Indagávamos o modo como sonhos com conteúdo aflitivo podem revelar-se, sob análise, como realização de desejo. Vemos agora que isso é possível caso tenha ocorrido uma distorção dos sonhos e caso o conteúdo doloroso sirva apenas como disfarce para o que é desejado. Tendo em mente nosso pressuposto da existência de duas instâncias psíquicas, podemos agora dizer: sonhos aflitivos contêm, na verdade, algo que é doloroso para a segunda instância, mas que, ao mesmo tempo, satisfaz um desejo da primeira instância. São sonhos de desejo no sentido de que todo sonho se origina na primeira instância, enquanto a segunda instância atua no sonho apenas de forma defensiva, não criativa. Se nos limitarmos a levar em conta apenas o que a segunda instância aporta ao sonho, nunca chegaremos a compreendê-lo, e todos os enigmas que os autores têm encontrado no sonho permanecerão sem solução.

Que o sonho tem de fato um significado secreto, o qual representa a realização de um desejo, é algo a ser provado novamente pela análise de cada caso. Para tanto, selecionei vários sonhos de conteúdo doloroso e tentarei analisá-los. Alguns são sonhos de pacientes histéricos, que exigem longas explicações preliminares e um esclarecimento ocasional dos processos psíquicos que ocorrem na histeria. Não posso, entretanto, fugir dessa dificuldade adicional à minha exposição.

Quando aplico o tratamento analítico a um paciente psiconeurótico, os sonhos são sempre, como já disse, objeto de nossa discussão. Devo, assim, prestar-lhe todas as explicações psicológicas que me auxiliaram a compreender os seus sintomas, e então encontro uma crítica implacável, talvez não menos severa do que a que devo esperar dos meus colegas. Com grande regularidade, meus pacientes objetam à tese de que todos os sonhos são a realização de desejos. Aqui estão vários exemplos do material onírico que me é apresentado para refutar tal posição.

— Você sempre me diz que o sonho é a realização de um desejo — começou uma paciente bastante inteligente. — Agora lhe contarei um sonho em que o conteúdo é exatamente o contrário, uma vez que *não* realiza um desejo meu. Como você o encaixa em sua teoria? O sonho é o seguinte:

> Quero dar um jantar, mas não tenho nada à mão a não ser um pouco de salmão defumado. Penso em ir fazer compras, mas me lembro de que é domingo à tarde, quando todas as lojas estão fechadas. Então, tento telefonar para alguns fornecedores, mas o telefone não funciona… Assim, devo abrir mão de meu desejo de dar o jantar.

Respondi, claro, que somente a análise poderia decidir o significado desse sonho, embora admitisse que, à primeira vista, ele parecesse racional e coerente, e assemelhasse ser o oposto de uma realização de desejo.

— Mas que material deu origem a esse sonho? — perguntei. — Como sabe, um sonho sempre é instigado por algum acontecimento do dia anterior.

Análise. O marido da paciente, um açougueiro honrado e competente, disse a ela no dia anterior que estava engordando muito e queria começar um regime para emagrecer. Queria acordar cedo, fazer exercícios, manter uma dieta rigorosa e, acima de tudo, não aceitar mais convites para jantar. Rindo, ela contou que o marido havia conhecido, enquanto almoçava em um restaurante, um artista que insistiu em pintar um retrato dele, pois nunca havia encontrado uma cabeça tão expressiva. O marido, porém, respondendo com seus modos rudes, agradeceu-lhe a honra, mas disse ter certeza de que o artista preferiria uma porção do traseiro de uma moça bonita a todo o rosto dele.[19] Ela disse que à época estava muito apaixonada pelo marido e o provocava muito. Também pedira a ele que não lhe desse caviar. Mas qual o significado disso?

Na verdade, fazia tempo que ela desejava comer um sanduíche de caviar todo dia antes do almoço, mas ressentia-se da despesa. Claro, o marido lhe traria caviar assim que ela o pedisse. Mas ela pedira, ao contrário, que ele não lhe desse caviar, para poder continuar provocando-o por mais tempo.

Essa explicação pareceu-me muito forçada. Motivos inconfessos costumam esconder-se atrás de explicações insatisfatórias. Lembremo-nos dos pacientes hipnotizados por Hippolyte Bernheim, que executavam uma ordem pós-hipnótica e, ao serem indagados sobre seus motivos, não respondiam, por exemplo, "não sei por que fiz isso", mas tinham de inventar uma razão que era obviamente inadequada. Quem sabe algo semelhante seja o caso do caviar de minha paciente. Noto que se via compelida a criar um desejo não realizado na vida real. Seu sonho mostrou a reprodução dessa recusa do desejo. Mas por que ela precisava de um desejo não realizado?

Até ali, as associações que fornecera não foram suficientes para a interpretação do sonho. Pedi-lhe que falasse mais. Após uma breve pausa, que corresponde à superação de alguma resistência, ela relatou

19. Posar ("*sitzen*", "sentar") para o pintor. Goethe: "E se não tem traseiro, como pode o nobre se sentar ("*sitzen*")?". [Nota do tradutor para o inglês. O verso vem do poema *Totalität* (1814-1815), de Goethe. (N.T.)]

que, no dia anterior, havia visitado uma amiga da qual sentia profundo ciúme, cujo motivo era o fato de que o marido de minha paciente sempre elogiava bastante essa amiga. Por sorte, a amiga era muito esguia e magra, e o marido de minha paciente gostava de formas bem arredondadas. E do que a amiga magra falou? Naturalmente, de seu desejo de engordar um pouco. Ela também perguntou a minha paciente:

— Quando vão nos convidar de novo para jantar? Come-se muito bem em sua casa.

Agora o significado do sonho estava claro. Pude dizer à paciente:

— É como se você, na hora desse pedido, tivesse pensado: "mas é claro, vou convidá-la para comer em casa e, assim, ela poderá engordar e se tornar ainda mais atraente para meu marido. Prefiro não oferecer mais nenhum jantar". O sonho depois lhe disse que não poderia dar um jantar, cumprindo assim seu desejo de não contribuir em nada para o arredondamento das formas de sua amiga. A decisão tomada por seu marido de recusar convites para jantar, como parte de seu plano de emagrecer, lhe ensinou que as pessoas engordam nos jantares festivos.

E então, só faltava esclarecer um fato para corroborar a solução. O salmão defumado do sonho ainda não havia sido explicado.

— Como foi que lhe ocorreu o salmão mencionado no sonho? — perguntei.

— Salmão defumado é o prato favorito de minha amiga — respondeu ela.

Acontece que conheço pessoalmente a senhora em questão e posso corroborar que ela anseia comer salmão tanto quanto minha paciente anseia comer caviar.

O mesmo sonho admite ainda outra e mais exata interpretação, mais sutil, que uma circunstância adicional torna inevitável. As duas interpretações não se contradizem, mas se sobrepõem e fornecem um exemplo claro da ambiguidade usual dos sonhos, bem como de todas as outras formações psicopatológicas. Vimos que, ao mesmo tempo que minha paciente está ocupada com o sonho de recusa do desejo, ela busca garantir um desejo não realizado na vida real (os sanduíches de caviar). A amiga também manifestou um desejo, a saber, o de engordar, e não nos surpreenderia se nossa dama tivesse sonhado que o desejo da amiga não se realizava. Pois é seu próprio desejo que um desejo de sua amiga — o aumento de peso — não seja cumprido. Em vez disso, no entanto, ela sonha que um de seus próprios desejos não é realizado. O sonho torna-se passível de uma nova interpretação se nele a paciente não aludiu a si mesma, mas à amiga, se a paciente se colocou no lugar da amiga ou, como podemos dizer, identificou-se com a amiga.

Acho que ela, de fato, fez isso e, como sinal dessa identificação, criou um desejo não realizado na vida real. Mas qual o significado dessa identificação histérica? Para esclarecer isso é necessária uma explanação minuciosa. A identificação é um fator muito importante no mecanismo dos sintomas histéricos. Por meio dela, os pacientes podem expressar em seus sintomas as experiências de grande número de pessoas, e não apenas as próprias; podem, ainda, por assim dizer, sofrer por todo um grupo de pessoas e interpretar todos os papéis de uma peça por meio apenas de sua própria personalidade. Será apresentada a objeção de que tudo não passa da conhecida imitação histérica, a capacidade dos histéricos para imitar todos os sintomas alheios que os impressionam, como se sua compaixão fosse instigada até o ponto da reprodução. Isso, porém, somente indica a forma como o processo psíquico resulta na imitação histérica; o modo como um ato psíquico transcorre e o ato em si são duas coisas diferentes. Este último é um pouco mais complicado do que a imitação dos histéricos, tal como costuma-se concebê-la; ele corresponde a um processo inconsciente de raciocínio, como ficará claro a partir de um exemplo. Um médico que atende a uma paciente que sofre convulsões de um tipo particular, internada no mesmo quarto do hospital que outras mulheres, não vai se surpreender caso, certa manhã, descobrir que o mesmo ataque histérico encontrou imitadoras. Ele apenas pensará: "as outras a viram e a imitaram; é uma infecção psíquica". Sem dúvida, mas a infecção psíquica procede da seguinte maneira: em geral, as pacientes sabem mais umas sobre as outras do que o médico sabe sobre cada uma, elas se preocupam umas com as outras quando a visita médica termina. Uma delas tem um ataque num dado dia; as demais logo saberão que a causa foi uma carta da família, o retorno de um anseio amoroso ou algo do tipo. Sua compaixão é despertada, e elas fazem a seguinte inferência, que não alcança a consciência: "se tal ataque pode decorrer dessa causa, pode acontecer comigo também, pois tenho motivos iguais". Caso tal arrazoado pudesse chegar à consciência, talvez se expressasse como *medo* de sofrer um ataque igual, mas ele se dá em outra esfera psíquica e, por isso, termina na realização do sintoma temido. A identificação não é, portanto, uma simples imitação, mas uma assimilação baseada na mesma reivindicação etiológica; ela expressa um "igual a" e se refere a algum elemento em comum que permanece no inconsciente.

Na histeria, a identificação é usada com maior frequência para expressar algum elemento sexual em comum. Uma mulher histérica identifica-se mais prontamente — embora não exclusivamente — com pessoas com quem teve relações sexuais ou que têm relações sexuais com as mesmas pessoas que ela. A linguagem também faz uso dessa concepção: dois amantes são "um só". Tanto na fantasia histérica quanto no sonho, para a identificação basta que a pessoa pense em relações sexuais, sem importar se elas são reais ou não. Essa paciente, então, apenas seguia as regras dos processos de pensamento histérico ao expressar o ciúme que sentia da amiga (que, ademais, ela mesma admitia ser injustificado, pois colocou-se no lugar dela no sonho e identificou-se com ela por meio da criação de um sintoma — o desejo negado). Eu poderia esclarecer melhor o processo da seguinte forma: minha paciente colocou-se no lugar da amiga no sonho porque a amiga tomou o lugar de minha paciente em relação ao marido desta e porque gostaria de tomar o lugar da amiga na alta estima que ele tinha por esta.[20]

No caso de outra paciente, a mais astuta entre as sonhadoras que analisei, a contradição com minha teoria dos sonhos foi resolvida de uma maneira mais simples, mas também de acordo com o esquema segundo o qual a não realização de um desejo significa a realização de outro. Certo dia expliquei-lhe que o sonho é a realização de um desejo. No dia seguinte, ela me trouxe um sonho de que estava viajando com a sogra para passarem juntas as férias de verão. Bem, eu sabia que ela havia se rebelado vivamente contra passar o verão com a sogra. Também sabia que ela felizmente conseguira evitar tal convivência alugando uma casa em uma estação de veraneio distante. O sonho inverteu essa solução desejada; não estaria ele na mais absoluta contradição com a minha teoria da realização de desejos no sonho? Certamente, bastava extrair as inferências do sonho para se chegar à sua interpretação. De acordo com esse sonho, eu estava errado. *Era o desejo dela, portanto, de que eu estivesse errado, e o sonho lhe mostrou esse desejo como realizado.* Mas o desejo de que eu estivesse errado, que se cumpriu quanto ao veraneio no campo, referia-se, contudo, a um assunto mais sério. Naquela época, eu havia concluído, com o material proporcionado pela análise dessa paciente, que em um dado momento da vida algo significativo lhe ocorreu e levou à sua doença. Ela contestou minha conclusão, pois não se lembrava de nada assim. Logo pudemos ver que eu estava no caminho certo. Seu desejo de que eu estivesse errado, transformado no sonho com a sogra, correspondia, assim, ao desejo justificável de que aquelas coisas, das quais então apenas se suspeitava, nunca tivessem ocorrido.

---

20. Lamento a introdução de tais passagens da psicopatologia da histeria, que, por sua representação fragmentária e por serem arrancadas de seu contexto, não podem ser muito esclarecedoras. Se forem suficientes para lançar luz sobre as relações íntimas entre o sonho e as psiconeuroses, terão servido ao propósito para o qual as tomei. (N.A.)

Sem uma análise, e apenas por meio de uma suposição, tomei a liberdade de interpretar um pequeno episódio ocorrido com um amigo que havia sido meu colega durante oito anos no ensino médio. Certa vez, ele ouviu uma palestra minha, proferida para uma pequena plateia, sobre a ideia inovadora de que o sonho era a realização de um desejo. Ele foi para casa, sonhou *que tinha perdido todos os seus casos* — ele era advogado — e depois veio me contestar quanto a isso. Fugi à questão respondendo-lhe:

— Não se pode ganhar todos os casos.

Mas pensei comigo mesmo: "Tendo em vista que durante oito anos, como primeiro da classe, me sentei no primeiro banco, enquanto ele sempre esteve lá pelo meio da sala de aula, não teria ficado nele um desejo, desde aquela época, de que também eu, em algum momento, me tornasse um fracasso?".

Da mesma forma, outro sonho, de caráter mais sombrio, me foi oferecido por uma paciente como uma contradição à minha teoria do desejo onírico. A paciente, uma mocinha, começou assim:

> Deve lembrar-se de que minha irmã agora só tem um filho, Karl: ela perdeu o filho mais velho, Otto, enquanto eu ainda morava com ela. Otto era meu favorito, pois na verdade fui eu que o criei. Gosto do outro garoto também, mas é claro que não tanto quanto gostava do falecido. Bom, ontem à noite sonhei que *estava vendo Karl morto diante de mim. Ele jazia em seu caixãozinho, com as mãos postas e velas a toda volta, do mesmo jeito como estava o pequeno Otto, cuja morte tanto me chocou.*

— Agora me diga, o que isso significa? Você me conhece bem; sou tão má assim para desejar que minha irmã perca o único filho que lhe resta? Ou o sonho significa que eu desejaria que Karl tivesse morrido em vez de Otto, por quem eu tinha muito mais carinho?

Garanti-lhe que esta última interpretação deveria ser rejeitada. Depois de alguma reflexão, pude dar à jovem a interpretação correta do sonho, que depois ela corroborou.

Tendo ficado órfã muito cedo, a garota fora criada na casa de uma irmã muito mais velha e conhecera, entre os amigos e visitantes que frequentavam a casa, um homem que deixou uma impressão duradoura em seu coração. Pareceu por algum tempo que essas relações meio dissimuladas terminariam em casamento, mas o final feliz foi frustrado pela irmã, cujos motivos nunca foram explicados por completo. Depois da ruptura, o homem amado pela paciente evitou a casa; algum tempo depois da morte do pequeno Otto, a quem seu afeto então se voltara, ela mesma se foi da casa e passou a morar sozinha. Não conseguiu, porém, libertar-se da atração pelo amigo da irmã. Seu orgulho ordenou-lhe que o evitasse, mas foi impossível para ela transferir seu amor para os outros pretendentes que se apresentaram depois. Sempre que seu amado, um literato, anunciava uma conferência em algum lugar, era infalível encontrá-la na plateia. Ela também aproveitava qualquer outra oportunidade para vê-lo de longe sem ser observada por ele. Lembrei-me de que, na véspera, ela havia me contado que o professor iria a um determinado concerto e que ela também pretendia ir, para poder vê-lo. Isso foi na véspera do sonho, e o concerto aconteceria no dia em que ela o contou a mim. Assim me foi fácil reconstruir a interpretação correta, e perguntei-lhe se poderia recordar-se de algum evento ocorrido em consequência da morte do pequeno Otto. Ela respondeu de imediato:

— Com certeza. Nessa ocasião, o professor retornou depois de uma longa ausência, e eu o vi mais uma vez, ao lado do caixão do pequeno Otto.

Foi exatamente como eu esperava. Interpretei o sonho da seguinte maneira:

— Se agora o outro menino morresse, a mesma situação se repetiria. Você passaria o dia na casa de sua irmã, o professor lá iria para oferecer condolências e você o veria novamente nas mesmas circunstâncias de antes. O sonho não significa nada além do seu desejo de vê-lo de novo, contra o qual se debate internamente — sei que carrega na bolsa o ingresso para o concerto de hoje. Seu sonho foi um sonho de impaciência; antecipou em algumas horas a oportunidade que você terá hoje.

Para disfarçar seu desejo, ela obviamente selecionou uma situação em que desejos desse tipo costumam ser suprimidos — uma situação em que se está tão cheio de tristeza que não se pensa em amor. E, no entanto, é muito possível que, mesmo na situação real que o sonho copiou fielmente, diante do caixão do sobrinho mais velho e mais amado, ela não tenha sido capaz de suprimir os sentimentos de afeto pelo visitante que ela tanto ansiara ver.

Uma explicação diferente foi encontrada para um sonho semelhante de outra paciente, que na juventude havia se destacado por sua viva inteligência e comportamento alegre, e que ainda exibia tais qualidades ao menos nas ideias que apresentava durante o tratamento. Essa dama, no contexto de um sonho mais longo, viu sua filha única, de 15 anos, jazendo morta diante de si em uma caixa. Ela estava fortemente inclinada a converter essa imagem onírica em uma objeção à teoria da realização de desejos, embora ela própria suspeitasse que o detalhe da caixa levaria a uma compreensão diferente do sonho.[21] Durante a análise, ocorreu-lhe que, em uma reunião na noite anterior, a conversa se voltara para a palavra inglesa "*box*" e suas diversas traduções ao alemão, como "*Schachtel*" (caixa), "*Loge*" (camarote de teatro), "*Kasten*" (arca), "*Ohrfeige*" (murro na orelha), etc. A partir de outros trechos do mesmo sonho foi possível acrescentar que ela havia descoberto a relação entre a palavra inglesa "*box*" e a alemã "*Büchse*" (caixinha) e ficou incomodada com a lembrança de que "*Büchse*" era usada na fala vulgar para designar os órgãos genitais femininos. Seria possível, portanto, fazendo-lhe alguma concessão

21. Algo como o salmão defumado no sonho do jantar fracassado. (N.A.)

por seu conhecimento de tema da anatomia topográfica, supor que a filha na caixa significava a criança no ventre da mãe. Quando fiz esse esclarecimento, ela não negou que essa imagem onírica realmente correspondia a um de seus desejos. Como tantas outras mulheres jovens, ela não ficou de modo algum feliz ao engravidar e, mais de uma vez, admitiu para mim o desejo de que seu filho morresse antes do nascimento; em um acesso de cólera após uma cena violenta com o marido, ela chegou a golpear com os punhos o próprio ventre para atingir a criança que tinha dentro de si. A filha morta era, portanto, de fato a realização de um desejo, mas um desejo que havia sido deixado de lado por quinze anos, e por isso não é surpreendente que a realização dele não fosse mais reconhecida depois de tão longa demora. Nesse meio-tempo, muita coisa havia mudado.

O grupo de sonhos a que pertencem esses dois últimos exemplos, que têm como conteúdo a morte de parentes queridos, será novamente abordado mais adiante sob o título "Sonhos típicos". Poderei mostrar com novos exemplos que, apesar de seu conteúdo indesejável, todos esses sonhos devem ser interpretados como realizações de desejos. Devo não a um paciente, mas a um inteligente jurista meu conhecido, o sonho a seguir, que também me foi contado com o propósito de dissuadir-me de fazer uma generalização apressada da teoria do sonho de desejo.

> Sonhei [conta meu informante], que estou chegando em frente à minha casa de braço dado com uma senhora. Ali me aguarda um coche fechado; um cavalheiro vem até mim, identifica-se como agente da polícia e solicita que eu o acompanhe. Peço-lhe que me dê algum tempo para organizar meus assuntos.

— Porventura você suporia que é desejo meu ser preso?

— Claro que não — devo admitir. — Saberia por acaso sob qual acusação o teriam prendido?

— Sim, creio que por infanticídio.

— Infanticídio? Mas bem sabe que esse crime só pode ser cometido por uma mãe com seu filho recém-nascido?

— Isso mesmo.[22]

— E em que circunstâncias sonhou? O que aconteceu na noite anterior?

— Prefiro não contar; é um assunto delicado.

— Mas preciso saber, caso contrário, deveremos abrir mão da interpretação do sonho.

— Então lhe contarei. Não passei a noite em minha casa, mas na de uma senhora que significa muito para mim. Quando acordamos pela manhã, de novo houve algo entre nós. Depois voltei a dormir e sonhei o que relatei.

— É uma mulher casada?

— Sim.

— E você não deseja que ela conceba um filho?

— Não; isso poderia nos delatar.

— Então vocês não praticam uma cópula normal?

— Tomo a precaução de retirar antes da ejaculação.

— Posso supor que você recorreu a esse artifício várias vezes durante a noite e que pela manhã já não tinha certeza de havê-lo conseguido?

— Pode ser que seja o caso.

— Então seu sonho é a realização de um desejo. Ele lhe proporciona a tranquilidade de não haver gerado uma criança, ou de tê-la matado, que é quase o equivalente. Posso demonstrar com facilidade os elos de conexão. Lembra-se de que, há alguns dias, estávamos falando sobre as dificuldades do casamento (*Ehenot*) e sobre a inconsistência de permitir a prática da cópula desde que não haja

22. Muitas vezes, acontece de um sonho ser contado de forma incompleta e de a lembrança de partes omitidas aparecer apenas no transcurso da análise. Esses fragmentos adicionados posteriormente, em geral, fornecem a chave para a interpretação. (N.A.)

a fecundação enquanto é punida como crime toda intervenção feita depois que o óvulo e o sêmen se encontraram para formar um feto? Lembramo-nos também da controvérsia medieval sobre o momento temporal em que a alma se aloja no feto, uma vez que o conceito de assassinato só se torna admissível a partir daí. Sem dúvida, é de seu conhecimento o poema horrendo de Lenau que equipara o infanticídio à prevenção de nascimentos.

— Estranho, por um acaso havia pensado em Lenau à tarde.

— É mais um eco do seu sonho. E agora quero mostrar-lhe uma realização de desejo secundária de seu sonho. Você chega em frente de casa de braço dado com uma senhora. Portanto, você a leva para sua casa, em vez de passar a noite na casa dela, como fez na vida real. Talvez haja mais do que um motivo para que a realização de desejo que constitui a essência do sonho se disfarce de uma forma tão desagradável. Em um ensaio meu sobre a etiologia das neuroses de angústia, verá que considero o coito interrompido como um dos fatores que originam a angústia neurótica. Assim, seria consistente que, após repetir várias vezes esse tipo de cópula, tivesse surgido um sentimento de mal-estar que agora se torna um elemento na composição do seu sonho. Você também faz uso desse estado mental desagradável para ajudar a disfarçar a realização do desejo. Aliás, a referência ao infanticídio ainda não foi explicada. Por que foi lhe ocorrer esse crime, peculiar às mulheres?

— Devo confessar-lhe que há alguns anos estive envolvido em um caso assim. Por minha culpa, uma jovem tentou se proteger por meio de um aborto das consequências de uma ligação comigo. Não tive participação alguma na execução do plano, mas durante muito tempo tive a óbvia preocupação de que tudo fosse descoberto.

— Agora entendo; essa lembrança fornece uma segunda razão pela qual deve ter sido penosa para você a suposição de ter feito mal sua manobra.

Um jovem médico, que me ouvira contar esse sonho em minhas conferências, deve ter ficado impressionado com ele, pois de imediato o reproduziu, aplicando o mesmo padrão de pensamento a outro tema. Na véspera, ele havia entregado sua declaração de imposto de renda, que preenchera de forma perfeitamente honesta, pois pouco tinha a declarar. Ele sonhou que um conhecido vinha de uma reunião da comissão tributária e informou-o de que todas as outras declarações de renda tinham passado sem questionamento, mas que a dele havia despertado ampla desconfiança e que ele seria punido com uma pesada multa. O sonho é uma realização mal disfarçada do desejo de ser conhecido como um médico com uma grande renda.

Isso me faz lembrar da história de uma jovem que foi aconselhada a não aceitar certo pretendente por ele ser um homem de temperamento colérico, que com certeza bateria nela depois que se casassem. Ao que ela retrucou:

— Quisera eu que *já tivesse* começado a me bater!

Sua vontade de casar-se era tão forte que ela aceitava de bom grado as mazelas que previam como consequência do casamento e até as convertia em desejo.

Se os sonhos desse tipo, que ocorrem com grande frequência e que parecem contradizer minha teoria, por conterem a negação de um desejo ou a realização de algo não desejado, forem reunidos sob o título "Sonhos com o oposto do desejo", observarei que todos podem ter sua origem traçada a dois princípios. Ainda não houve menção a um deles, que, no entanto, desempenha relevante papel nos sonhos dos seres humanos. Um dos motivos que inspiram esses sonhos é o desejo de que eu esteja errado. Tais sonhos ocorrem com regularidade no decorrer de meu tratamento quando o paciente mostra uma resistência a mim, e posso prever com grande certeza a ocorrência de um sonho desses depois de ter exposto pela primeira vez ao paciente minha teoria de que o sonho é uma realização de desejo.[23] Posso até esperar que ocorra apenas para realizar o desejo de que eu esteja errado. A mesma coisa é mostrada pelo último sonho desse tipo que contarei, também obtido durante o tratamento. Uma jovem que lutou muito para continuar seu tratamento comigo, contra a vontade dos seus familiares e dos especialistas que consultou, sonhou o seguinte:

> Estava proibida pela família de vir consultar-se comigo. Ela então me lembra da promessa que fiz de tratá-la de graça, caso fosse necessário, e eu lhe digo: "não posso fazer qualquer concessão em questões de dinheiro".

De fato, não é fácil nesse caso demonstrar a realização de um desejo, mas em todos os casos desse tipo há um segundo problema, cuja solução ajuda também a resolver o primeiro. De onde provêm as palavras que ela atribuiu a mim? Claro que eu nunca lhe disse nada parecido, mas um de seus irmãos, justamente aquele que tinha a maior influência sobre ela, teve a gentileza de fazer essa observação sobre mim. É o propósito desse sonho, portanto, que o irmão tenha razão. Não é apenas no sonho que ela defende o irmão; é seu propósito na vida e o motivo de sua doença.

O segundo motivo para os sonhos opostos ao desejo é tão evidente que se corre o perigo de ignorá-lo, como aconteceu por algum tempo em meu próprio caso. Na constituição sexual de um grande número de pessoas há um componente masoquista, que surgiu pela conversão do componente agressivo e sádico em seu oposto. Tais pessoas são chamadas de masoquistas "ideais", quando buscam prazer não na dor corporal que lhes pode ser infligida, mas na humilhação

---

23. Nos últimos anos, "sonhos com o oposto do desejo" como esses têm sido relatados a mim por alunos meus que assim reagiram a seu primeiro encontro com a "teoria do sonho de desejo". (N.A.)

e na tortura psíquica. É óbvio que tais pessoas podem ter sonhos com o oposto do desejo e desagradáveis, que, no entanto, para elas não passam de realização de desejo, proporcionando satisfação para suas inclinações masoquistas. Eis aqui um sonho desses. Um jovem, que em anos anteriores havia atormentado seu irmão mais velho, pelo qual tinha uma atração homossexual, mas que havia passado por uma completa mudança de caráter, teve o seguinte sonho, que consiste em três partes:

> (1) Ele é "insultado" pelo irmão; (2) dois adultos acariciam-se com intenções homossexuais; e (3) seu irmão vendeu a empresa cuja administração o jovem reservava para seu próprio futuro.

Ele desperta deste último sonho com sentimentos muito desagradáveis e, no entanto, é um sonho masoquista de desejo, que pode ser interpretado da seguinte forma: "seria correto se meu irmão fizesse essa venda contra minha vontade, como castigo por todos os tormentos que sofreu em minhas mãos".

Espero que a discussão e os exemplos acima sejam suficientes — até que se levantem novas objeções — para fazer com que pareça crível que mesmo sonhos com um conteúdo doloroso devem ser analisados como realização de desejos. Tampouco deve-se considerar fruto do acaso que, durante a interpretação desses sonhos, sempre deparemos com assuntos sobre os quais as pessoas não gostam de falar ou pensar. O sentimento aflitivo que tais sonhos despertam é idêntico à aversão que nos leva a evitar — quase sempre com sucesso — pensar em tais assuntos ou discuti-los, e que deve ser superada por todos quando, apesar de desagradável, devemos lidar com o problema. Contudo, o sentimento desagradável que se repete nos sonhos não impede a existência de um desejo; toda pessoa tem desejos que não gostaria de contar aos outros, que não quer admitir nem para si própria. Por outro lado, temos outros motivos para relacionar o caráter desagradável desses sonhos com o fato da distorção onírica e para concluir que tais sonhos estão distorcidos e que a realização de desejo está tão disfarçada que se torna irreconhecível; a razão para tal disfarce não é outra senão existir uma repugnância, a vontade de recalque com relação ao tema do sonho ou ao desejo que o sonho cria. A distorção onírica, então, acaba na realidade sendo um ato de censura. Estaremos levando em conta tudo o que a análise dos sonhos desagradáveis trouxe à luz se reescrevermos a fórmula como se segue: *o sonho é a realização (disfarçada) de um desejo (suprimido ou recalcado).*

Resta ainda examinar os sonhos de angústia como sendo uma variedade particular de sonhos de conteúdo aflitivo, cuja inclusão entre os sonhos de desejo encontrará menos aceitação entre os não esclarecidos. Contudo, posso resolver de forma rápida o problema dos sonhos de angústia. Eles não revelam um aspecto novo do problema dos sonhos, mas está em jogo a compreensão da angústia neurótica de forma geral. A angústia que sentimos no sonho é apenas aparentemente explicada pelo conteúdo onírico. Quando submetemos o conteúdo do sonho à análise, percebemos que a angústia dos sonhos não se justifica por seu conteúdo, da mesma forma que a angústia de uma fobia não se justifica pela representação da qual ela depende. Por exemplo, é verdade que é possível cair de uma janela, e que, portanto, devem ser tomados alguns cuidados quando estamos perto de uma janela, mas não faz sentido que a angústia seja tão intensa na fobia correspondente e que ela persiga o paciente muito além da situação real. Essa mesma explicação aplica-se, então, tanto à fobia quanto ao sonho de angústia. Em ambos os casos, a angústia está apenas superficialmente ligada à representação que a acompanha e tem origem em outra fonte.

Por conta da íntima relação da angústia do sonho com a angústia neurótica, a discussão da primeira me obriga a abordar a segunda.

Em um breve ensaio sobre a "neurose de angústia",[24] sustentei que a angústia neurótica tem sua origem na vida sexual, e corresponde a uma libido desviada de seu objeto e que não conseguiu ser aplicada. A partir dessa fórmula, que desde então tem demonstrado com crescente clareza sua validade, podemos concluir que o conteúdo dos sonhos de angústia é de natureza sexual, nos quais a libido foi transformada em angústia.

---

24. Ver "Selected Papers on Hysteria and other Psychoneuroses", p. 133. Trad. Abraham Brill. *Journal of Nervous and Mental Diseases* (Monograph Series), New York, Publishing Company. (N.A.)

V.
O sexo nos sonhos

Quanto maior nosso interesse pela solução dos sonhos, mais dispostos devemos estar a reconhecer que a maioria dos sonhos dos adultos trata de material sexual e expressa desejos eróticos. Somente pode formar uma opinião sobre o tema quem de fato analisa os sonhos, isto é, quem penetra através de seu conteúdo manifesto até chegar aos pensamentos oníricos latentes, e nunca quem se satisfaz em registrar o conteúdo manifesto (como, por exemplo, Paul Näcke em suas obras sobre sonhos sexuais). Registremos também que tal fato não traz nada de surpreendente, estando em plena harmonia com os princípios que estabeleci para a explicação dos sonhos. Nenhum outro impulso é submetido, desde a infância, a tamanha supressão quanto o impulso sexual, em seus inúmeros componentes. De nenhum outro impulso restam tantos e tão intensos desejos inconscientes que agora, no estado do sono, têm o efeito de produzir sonhos. Na interpretação dos sonhos, jamais se deve esquecer a importância de certos complexos sexuais, mas tampouco podemos exagerar e atribuir-lhes importância exclusiva.

No caso de muitos sonhos, uma interpretação cuidadosa revelará que devem ser compreendidos como bissexuais, uma vez que dão margem a uma interpretação secundária irrefutável, em que realizam sentimentos homossexuais — isto é, sentimentos que são comuns à atividade sexual da pessoa que sonha. No entanto, sustentar que todos os sonhos devem ser interpretados dessa forma parece-me uma generalização indemonstrável e inverossímil, que eu não apoiaria. Acima de tudo, não poderia ignorar o fato óbvio de que existem inúmeros sonhos que satisfazem às necessidades que não são eróticas no sentido mais amplo, como sonhos sobre fome e sede, sonhos de conforto, etc. Da mesma forma, as afirmações semelhantes de que "por trás de todos os sonhos encontra-se a presença de morte" (Stekel) ou de que todo sonho "mostra um avanço da orientação feminina para a masculina" (Adler) parecem-me transgredir em muito o que é admissível na interpretação dos sonhos.

Já afirmei em outra ocasião que sonhos visivelmente inocentes via de regra incorporam desejos cruamente eróticos, e podemos confirmar isso com numerosos exemplos novos. No entanto, também muitos sonhos que parecem indiferentes, nos quais nenhum aspecto se apresentaria com significado particular, na análise podem ser relacionados a sentimentos de desejo inequivocamente sexuais, muitas vezes de natureza inesperada. Por exemplo, antes do trabalho de interpretação, quem suspeitaria de um desejo sexual no sonho a seguir? O sonhador relatou:

> Entre dois palácios imponentes, e um pouco recuada, ergue-se uma casinha cujas portas estão fechadas. Minha esposa me conduz pelo trecho de rua que leva até a casinha e empurra a porta, e então eu penetro rápida e facilmente no interior de um pátio que se inclina obliquamente para cima.

Qualquer um que tenha tido experiência na tradução de sonhos de imediato perceberá que penetrar em espaços estreitos e abrir portas trancadas pertence ao mais comum simbolismo sexual e facilmente encontrará nesse sonho uma representação de tentativa de coito por trás (entre as duas imponentes nádegas do corpo feminino). A passagem inclinada e estreita é, claro, a vagina; a ajuda atribuída pelo sonhador à esposa leva à conclusão de que, na realidade, era apenas a consideração por ela que o impedia de tentar esse ato. Além disso, a investigação mostrou que, no dia anterior ao sonho, começou a trabalhar na casa do sonhador uma jovem que ele achou atraente e lhe deu a impressão de que não se oporia totalmente a uma abordagem desse tipo. A casinha entre os dois palácios é tirada de uma reminiscência do Hradschin [cidadela] de Praga, e assim aponta outra vez para a menina, natural dessa cidade.

Quando enfatizo para meus pacientes a frequência do sonho de Édipo, de ter relações sexuais com a mãe, recebo a resposta: "não me lembro de nenhum sonho parecido". Logo a seguir, porém, surge a lembrança de outro sonho, disfarçado e indiferente, que tem sido sonhado repetidas vezes pelo paciente, e a análise mostra que é de fato um sonho com esse mesmo conteúdo — ou seja, outro sonho de Édipo. Posso assegurar que sonhos disfarçados de relações sexuais com a mãe são muito mais frequentes do que sonhos francos da mesma espécie.

Há sonhos sobre paisagens e locais em que sempre se tem essa certeza: "já estive nesse lugar antes". Nesse caso, o lugar é sempre o órgão genital da mãe, e, em verdade, sobre nenhum outro lugar pode-se afirmar com tanta certeza "já estive nesse lugar antes".

Inúmeros sonhos, muitas vezes repletos de angústia, que envolvem passar por espaços estreitos ou permanecer na água, surgem de fantasias sobre a vida intrauterina, sobre a permanência no ventre materno e sobre o ato de nascimento. A seguir, transcrevo o sonho de um jovem que, em sua fantasia, já aproveitou a oportunidade de estar dentro do útero para espionar uma cópula entre seus pais.

> Ele está em um poço profundo, no qual há uma janela, como no túnel de Semmering. No início, através dessa janela, ele vê uma paisagem deserta, mas dali de dentro ele compõe uma imagem, que preenche o espaço vazio. A imagem representa um campo que está sendo completamente lavrado por algum implemento, e o ar agradável, a ideia do trabalho árduo e os torrões de terra preto-azulados causam uma impressão adorável. Ele então continua e vê um livro de pedagogia aberto... e fica surpreso com o fato de tanta atenção ser dada aos sentimentos sexuais da criança, o que o faz pensar em mim.

Aqui está um belo sonho de água de uma paciente que adquiriu grande importância no tratamento:

> Em sua estação de veraneio junto ao lago de…, ela mergulha na água escura, no ponto onde a lua pálida se reflete na água.

Sonhos desse tipo são sonhos de nascimento. Sua interpretação é feita invertendo o fato que é relatado no conteúdo do sonho manifesto, e, assim, em vez de "mergulhar na água", entenda-se "sair da água", ou seja, "nascer". Reconheceremos o local no qual se nasce se recordarmos o sentido chulo de "*la lune*" em francês. A lua pálida torna-se, assim, o "traseiro" branco, do qual a criança acredita ter saído. Agora, qual seria o significado do desejo da paciente de nascer em sua estação de veraneio? Indaguei-lhe, e ela responde sem hesitar:

— Acaso não é como se o tratamento me tivesse feito nascer de novo?

Assim, o sonho torna-se um convite à continuidade do tratamento naquele local de veraneio, ou seja, que eu vá ao local visitá-la. Talvez contenha também uma alusão muito tímida ao desejo de se tornar mãe ela mesma.[25]

Do trabalho de Ernest Jones, trago outro sonho do parto, com sua interpretação.

> Ela estava na beira do mar observando um menino, que parecia ser dela, entrando na água. Ele continuou até que a água o cobrisse, e ela só podia ver sua cabeça subindo e descendo baixo perto da superfície. A cena mudou, então, para o salão lotado de um hotel. O marido deixou-a e ela "começou a conversar com um desconhecido".

---

25. Só mais recentemente aprendi a dar valor ao significado das fantasias e dos pensamentos inconscientes sobre a vida no útero. Eles contêm a explicação para a estranha angústia sentida por tantas pessoas diante da possibilidade de serem enterradas vivas e para a mais profunda raiz inconsciente da crença em uma vida após a morte, a qual não é mais do que uma projeção no futuro dessa vida misteriosa anterior ao nascimento. *O ato de nascer, além disso, é a primeira experiência com a angústia, sendo, portanto, a fonte e o modelo dessa emoção.* (N.A.)

A segunda metade do sonho revelou ser, na análise, a representação de uma fuga para longe do marido e a entrada em relações íntimas com uma terceira pessoa, havendo clara indicação de que seria o irmão do senhor X. mencionado em um sonho anterior. A primeira parte do sonho foi uma fantasia de nascimento muito evidente. Nos sonhos, como na mitologia, a *saída* de uma criança das águas uterinas é comumente representada, por distorção, como a *entrada* da criança na água; entre muitos outros, os nascimentos de Adônis, Osíris, Moisés e Baco são ilustrações bem conhecidas disso. O sobe e desce da cabeça na água imediatamente lembrava à paciente a sensação dos movimentos do feto que havia experimentado em sua única gravidez. Pensar no menino entrando na água evocou nela um devaneio em que viu a si mesma tirando-o da água, levando-o para o berçário, dando-lhe banho e vestindo-o, e instalando-o em sua casa.

A segunda metade do sonho, portanto, representa pensamentos relativos à fuga, vinculados com a primeira metade do conteúdo latente subjacente; a primeira metade do sonho corresponde à segunda metade do conteúdo latente, a fantasia do nascimento. Além dessa inversão na ordem, outras inversões ocorreram em cada metade do sonho. Na primeira metade, a criança *entrou* na água, e então sua cabeça aparecia à tona; nos pensamentos oníricos subjacentes ocorreu primeiro a sensação dos movimentos do feto e depois a criança saiu da água (uma dupla inversão). Na segunda metade, o marido a deixou; nos pensamentos oníricos, ela deixou o marido.

Outro sonho de nascimento é relatado por Abraham, de uma jovem ansiosa por seu primeiro parto.

> Saindo do piso de seu quarto, um canal subterrâneo leva diretamente para a água (caminho genital, líquido amniótico). Ela levanta um alçapão no chão, e de imediato surge uma criatura vestida com uma pele acastanhada, parecida com uma foca. A criatura revela ser o irmão mais novo da sonhadora, com quem ela sempre teve uma relação maternal.

Os sonhos de "salvamento" estão ligados aos sonhos de nascimento. Salvar, em especial salvar da água, equivale a dar à luz quando sonhado por uma mulher; esse significado, no entanto, é modificado quando o sonhador é um homem.

Ladrões, assaltantes noturnos e fantasmas, dos quais temos medo antes de ir para a cama, e que chegam mesmo a perturbar nosso sono, têm origem em uma mesma reminiscência infantil. São os visitantes noturnos que acordaram a criança e a levaram ao banheiro para que ela não molhasse a cama ou levantaram as cobertas para examinar o que a criança faz com as mãos enquanto dorme. Com a análise de alguns desses sonhos de angústia, consegui identificar com exatidão esse visitante noturno. Os ladrões sempre representavam o pai do paciente, enquanto os fantasmas correspondiam, em geral, a figuras femininas com camisolas brancas.

Quando nos familiarizamos com o uso abundante do simbolismo que se faz no sonho para a representação do material sexual, é natural que nos perguntemos se muitos desses símbolos não apareceriam com um significado definitivamente fixado, como os sinais da estenografia; vemo-nos tentados, então, a compilar um novo livro dos sonhos, de acordo com o método de decifração. A esse respeito, devemos observar que esse simbolismo não pertence apenas ao sonho, mas ao pensamento inconsciente, em especial do povo, e encontra-se no folclore, em mitos, lendas, expressões idiomáticas, provérbios e anedotas correntes de forma mais abrangente do que nos sonhos.

O sonho se aproveita desse simbolismo para a representação disfarçada de seus pensamentos latentes. Entre os símbolos usados dessa maneira, há, decerto, muitos que, por regra geral ou quase sempre, têm o mesmo significado. Só é preciso ter em mente a curiosa plasticidade do material psíquico. Ocasionalmente, um símbolo que aparece no conteúdo onírico não pode ser interpretado simbolicamente, mas com seu significado real; em outros casos, o sonhador parte de um conjunto particular de lembranças e pode criar para si o direito de usar como símbolo sexual qualquer coisa que sirva para isso, mesmo que normalmente não tenha tal uso. Nem os símbolos sexuais mais usados são sempre inequívocos.

Após essas limitações e ressalvas, posso chamar a atenção para o seguinte: na maioria dos casos, o imperador e a imperatriz (ou o rei e a rainha) de fato representam os pais do sonhador; o próprio sonhador é o príncipe ou a princesa. Todos os objetos alongados, paus, troncos de árvores e guarda-chuvas (que, ao serem abertos, podem assemelhar-se à ereção!), todas as armas longas e afiadas, como facas, punhais e lanças, podem representar o membro masculino. Um símbolo frequente, não muito inteligível, para isso é uma lixa de unhas (por friccionar e raspar?). Estojos, caixas, cofres, armários e fogões representam o ventre feminino. O simbolismo da fechadura e da chave foi empregado muito graciosamente por Uhland para fazer uma piada indecente em sua canção sobre o "Conde Eberstein". Percorrer uma série de cômodos é um sonho sobre um bordel ou harém. Degraus, escadas e lances de escadas, ou subir e descer por eles, são representações simbólicas do ato sexual. Paredes lisas que são escaladas, fachadas de casas pelas quais se desce, muitas vezes com grande angústia, correspondem ao corpo humano ereto e, provavelmente, repetem no sonho as lembranças do bebê subindo nos pais ou na babá. Paredes "lisas" são homens. Muitas vezes, em um sonho de angústia, a pessoa se segura com firmeza a algum elemento saliente na fachada de uma casa. Mesas, mesas postas e tábuas representam mulheres, talvez pelos contrastes que eliminam os contornos arredondados do corpo. Uma vez que "cama e mesa" (*mensa et thorus*)[26] constituem o casamento, com frequência a segunda substitui a primeira no sonho e, na medida do possível, o complexo de representações sexuais é transposto para o complexo da comida. Dos artigos de vestimenta, o chapéu da mulher pode frequentemente ser interpretado como o genital masculino. Nos sonhos dos homens, muitas vezes as gravatas aparecem como um símbolo para o pênis; isso se

---

26. *Mensa et thorus*: termo latino que designa um arranjo em que marido e mulher podem viver separados sem, no entanto, estar legalmente divorciados. (N.T.)

dá não apenas porque são longas, pendentes e características do homem, mas também porque podem ser escolhidas à vontade, liberdade que é negada pela natureza ao original desse símbolo. As pessoas que fazem uso dele no sonho costumam ostentar as gravatas com muita exuberância e possuem grandes coleções delas. Todas as máquinas e aparelhos complicados que aparecem no sonho são muito provavelmente genitais, em cuja descrição o simbolismo onírico se mostra tão inesgotável quanto a criação de anedotas. Da mesma forma, muitas paisagens dos sonhos, em especial as que têm pontes ou montanhas revestidas de vegetação, podem ser reconhecidas de imediato como descrições dos genitais. Por fim, no caso de neologismos incompreensíveis, podemos pensar em combinações compostas por partes que têm um significado sexual. As crianças que aparecem no sonho muitas vezes significam os genitais, pois homens e mulheres têm por hábito referir-se afetuosamente ao seu órgão genital como seu "pequeno". Como símbolo recente do genital masculino pode-se citar o dirigível, que justifica tal uso tanto por sua relação com o voo quanto, ocasionalmente, por sua forma. Brincar com uma criança pequena ou bater em uma é, muitas vezes, a representação do onanismo no sonho. Uma série de outros símbolos é fornecida e exemplificada por Wilhelm Stekel, parte dela ainda não suficientemente verificada. Direita e esquerda, segundo ele, devem ser entendidas no sonho em um sentido ético. "O caminho à direita sempre significa o caminho para o correto, à esquerda, para o crime. Assim, a esquerda pode significar homossexualidade, incesto e perversão, enquanto a direita significa casamento, relações com uma prostituta, etc. O significado é sempre determinado pelo ponto de vista moral individual do sonhador." Os parentes, no sonho, em geral desempenham o papel dos genitais. Não conseguir alcançar um veículo é interpretado por Stekel como o lamento por uma diferença de idade que não se pode alcançar. A bagagem com que se viaja é a carga de pecado que nos oprime. Também aos números, que aparecem em sonho com frequência, são atribuídos por Stekel significados simbólicos fixos, mas tais explicações não parecem ter sido verificadas o bastante nem ter validade universal, embora em casos individuais tal interpretação possa ser admitida como provável na maioria das vezes. Um livro recentemente publicado por Stekel, *Die Sprache des Traumes*, que não pude utilizar, traz uma lista dos símbolos sexuais mais comuns, cujo objetivo é provar que todos os símbolos sexuais podem ser usados de forma bissexual. Ele questiona: "Qual seria o símbolo que não poderia ser usado (desde que de alguma forma a fantasia o permita) tanto no sentido masculino quanto no feminino?". É certo que a condicionante entre parênteses retira muito do caráter absoluto da afirmação, pois a fantasia, de fato, nem sempre o permite. Não me parece, no entanto, supérfluo afirmar que, na minha experiência, o enunciado geral de Stekel deve dar lugar ao reconhecimento de uma maior diversidade. Além desses símbolos, que são tão frequentes para os genitais masculinos quanto para os femininos, há outros que de maneira preponderante, ou quase exclusiva, designam um dos sexos, e ainda há outros dos quais se conhece apenas o significado masculino ou o feminino. Não é de fato permitido pela fantasia usar objetos longos e rígidos, ou armas, como símbolos dos órgãos genitais femininos, ou objetos ocos (arcas, bolsas, etc.), como símbolos dos órgãos genitais masculinos.

É verdade que a tendência do sonho e da fantasia inconsciente de utilizar de forma bissexual os símbolos sexuais trai uma característica arcaica, pois na infância a diferença nos genitais é ignorada e se atribui a ambos os sexos idênticos genitais.

Espero que essas sugestões muito incompletas sejam suficientes para estimular outras pessoas a fazerem um trabalho de coleta mais cuidadoso sobre o assunto.

Acrescentarei agora alguns exemplos da aplicação de tais simbolismos nos sonhos, os quais servirão para mostrar como é impossível interpretar um sonho sem levar em conta o simbolismo onírico e como, em muitos casos, este se impõe de forma imperativa.

1. O chapéu como símbolo do homem — dos genitais masculinos (fragmento do sonho de uma jovem que sofria de agorafobia por conta do medo da sedução):

> Estou andando na rua no verão, uso um chapéu de palha de forma peculiar, cuja parte do meio é levantada e as partes laterais pendem para baixo (a descrição aqui se torna hesitante), e de tal forma que uma fica mais baixa que a outra. Estou alegre e em estado de espírito confiante, e, quando passo por um grupo de jovens oficiais, penso comigo mesma: "nenhum de vocês pode me fazer mal".

Como ela não conseguiu fazer nenhuma associação com o chapéu, eu lhe disse:

— O chapéu é, sem dúvida, um genital masculino, com sua parte do meio erguida e as duas partes laterais pendendo para baixo.

Deliberadamente me abstive de interpretar o detalhe das duas partes laterais pendendo de forma desigual, embora seja a determinação de tais detalhes que indique o caminho para a interpretação. Continuei dizendo que, se ela tivesse um homem com órgão genital tão viril, não teria por que temer os oficiais — isto é, nada precisaria desejar deles, uma vez que são basicamente suas fantasias de sedução que a impossibilitavam de sair sem proteção e sem companhia. Essa última explicação de seu temor eu já fora capaz de lhe dar várias vezes, com base em outro material.

Foi notável como a sonhadora se comportou após essa interpretação. Ela retirou a descrição do chapéu e alegou não ter dito que as duas peças laterais estavam pendentes. No entanto, eu tinha certeza demais do que tinha ouvido para me deixar confundir, e mantive o que dissera. Ela permaneceu em silêncio por algum tempo e, então, encontrou coragem para perguntar o que significaria que um dos testículos de seu marido fosse mais baixo do que o outro, e se isso acontecia em todos os homens. Com isso, o detalhe peculiar do chapéu foi explicado, e a interpretação como um todo foi aceita por ela.

Desde muito antes de essa paciente me relatar seu sonho, o símbolo do chapéu me era familiar. Por conta de outros casos, se bem que menos transparentes, acredito que o chapéu também possa substituir os genitais femininos.

2. O "pequeno" como o órgão genital. Ser atropelada como símbolo de relação sexual (outro sonho da mesma paciente agorafóbica):

> Sua mãe manda embora a neta, filha pequena da paciente, para que vá sozinha. A paciente viaja de trem com a mãe e vê a pequena caminhando diretamente para os trilhos, onde não poderá evitar ser atropelada. Ela ouve os ossos estalarem (com isso, sente uma sensação de desconforto, mas nenhum horror de fato). Ela então olha pela janela do vagão para verificar se os pedaços podem ser vistos lá atrás. Então repreende a mãe por ter feito a pequena sair sozinha.

Análise. Não é fácil dar aqui uma interpretação completa do sonho. Ele faz parte de um ciclo de sonhos e só pode ser plenamente compreendido em conexão com os outros, pois não é fácil isolar satisfatoriamente o material necessário para demonstrar o simbolismo. A paciente descobre, de início, que a viagem ferroviária deve ser interpretada historicamente como uma alusão à viagem que fizera quando saiu de um sanatório para doenças nervosas, por cujo superintendente ela naturalmente havia se apaixonado. Quando a mãe a levou embora do lugar, o médico foi à estação ferroviária e lhe deu um buquê de flores de despedida; foi desconfortável para ela que a mãe presenciasse a homenagem. Aqui a mãe aparece, portanto, como alguém que interfere em seu caso amoroso, e foi esse de fato o papel desempenhado por essa senhora severa durante a adolescência da paciente. A associação seguinte refere-se à frase "ela então olha pela janela do vagão para verificar se os pedaços podem ser vistos lá atrás". Na fachada do sonho, naturalmente, seríamos levados a pensar nos pedaços da filha atropelada e destroçada. A associação, porém, aponta para uma direção bem diferente. A paciente recorda que uma vez viu o pai nu no banheiro, por trás, logo depois começa a falar sobre as diferenças entre os sexos e destaca que no homem os genitais podem ser vistos por trás, mas não na mulher. Nesse contexto, ela mesma, então, realizou a interpretação de que sua filha pequena é o órgão genital (ela tem uma filha de 4 anos). Ela repreende sua mãe por querer que viva como se não tivesse genitais e reconhece a reprovação na frase introdutória do sonho: "sua mãe manda embora a neta, filha pequena da paciente, para que vá sozinha". Em sua fantasia, ir sozinha pela rua significa não ter homem nem relações sexuais (*coire*[27] = ir junto), e isso não lhe agrada. Todos os seus relatos indicam que ela realmente sofreu quando menina pelo ciúme que despertava na mãe por mostrar preferência ao pai.

O "pequeno" foi notado como um símbolo para os genitais masculinos ou femininos por Stekel, que se referiu ao fato de tal uso linguístico ser muito difundido.

A interpretação mais profunda desse sonho é obtida a partir de outro sonho que a paciente teve na mesma noite e no qual se identifica com o irmão. Ela era uma "moleca" e muitas vezes lhe disseram que deveria ter nascido menino. Essa identificação com o irmão mostra com especial clareza que "pequeno" significa os genitais. A mãe estava ameaçando o irmão (ou ela) com a castração, o que só pode ser entendido como um castigo por brincar com os genitais, e a identificação mostra, portanto, que ela mesma havia se masturbado quando criança, coisa que apenas retivera na memória quando aplicada ao irmão. Segundo indica esse segundo sonho, ela deve ter adquirido muito cedo um conhecimento do órgão genital masculino que mais tarde perdeu. Além disso, o segundo sonho aponta para a teoria sexual infantil segundo a qual as meninas são meninos castrados. Depois que lhe expus essa opinião infantil, ela de imediato a

---

27. *Coire*: verbo latino do qual deriva a palavra "*coitus*", com o significado de "coito", "ato de copular". (N.T.)

confirmou com uma anedota em que o menino pergunta à menina: "foi cortado?", ao que a menina responde: "não, sempre foi assim".

Dessa maneira, a expulsão da filha pequena, dos genitais, no primeiro sonho, também se refere à ameaça de castração. Afinal, ela culpa a mãe por ela própria não ter nascido menino.

Que "ser atropelada" simboliza a relação sexual não seria evidente, a partir desse sonho apenas, se não houvesse certeza disso com base em muitas outras fontes.

3. Representação dos genitais por edifícios, escadas e poços (sonho de um jovem inibido por seu complexo paterno):

> Ele está passeando com o pai em um lugar que certamente é o Prater, pois pode ver a Rotonda,[28] com uma pequena estrutura anexa na frente, à qual está preso um balão cativo, que parece, contudo, bastante murcho. O pai lhe pergunta para que serve tudo aquilo; ele fica surpreso, mas explica para o pai. Depois entram em um pátio no qual está jogada uma grande folha de estanho. O pai quer arrancar um grande pedaço dela, mas primeiro olha ao redor para ver se não tem ninguém observando. Ele diz ao pai que só precisa falar com o vigia, e então ele pode pegar sem problemas tudo que quiser. Depois do pátio, uma escada desce para um poço, cujas paredes são acolchoadas com algo macio, como uma bolsa de couro. No final do poço há uma plataforma mais longa, e então começa um outro poço...

Análise. Esse sonhador pertence a um tipo de paciente difícil do ponto de vista terapêutico. Tais pacientes aceitam a análise sem oferecer resistência até certo ponto, mas a partir daí se tornam quase inacessíveis. Ele interpretou esse sonho quase sozinho. Disse:

---

28. Prater era um parque de diversões de Viena, e Rotonda, um edifício encimado por uma oponente cúpula, que ficava no centro do local. A Rotonda foi destruída por um incêndio em 1937. (N.T.)

— A Rotonda são meus genitais, o balão cativo na frente dela é meu pênis, cuja frouxidão tem me preocupado.

Devemos, no entanto, interpretar com mais detalhes; a Rotonda é a nádega, que em geral a criança considera parte dos genitais; a estrutura anexa menor é o escroto. No sonho, o pai lhe pergunta para que serve tudo aquilo, ou seja, ele pergunta sobre o propósito e a função dos órgãos genitais. É evidente que esse estado de coisas deve ser invertido e que deve ser ele a questionar. Uma vez que na realidade o pai nunca fez tal questionamento, devemos entender o pensamento onírico como um desejo ou talvez enxergar nele uma oração condicional, da seguinte forma: "se eu tivesse pedido a meu pai esclarecimentos sexuais...". Logo encontraremos, em outro trecho do sonho, a continuação desse pensamento.

O pátio onde está jogada a folha de flandres não deve ser entendido de forma simbólica em primeira instância, mas tem origem no local de trabalho de seu pai. Por discrição, mencionei "estanho" no lugar do material com que o pai trabalha, sem, no entanto, nada mudar na linguagem do sonho. O sonhador havia entrado para a empresa do pai e adquirira grande aversão às práticas questionáveis das quais os rendimentos em boa parte dependiam. Por isso, a continuação do pensamento onírico acima citado seria: "(se eu tivesse perguntado a me pai) ele teria me enganado, assim como faz com os clientes". Quanto ao "arrancar", que serve para representar a desonestidade comercial, o próprio sonhador deu uma segunda explicação, a saber, que representava o onanismo. Tal interpretação não apenas me é familiar há muito como concorda muito bem com o fato de que o segredo do onanismo se expressa por seu oposto ("pode ser feito abertamente"). Ainda, corresponde inteiramente a nossas expectativas de que a atividade onanista fosse também atribuída ao pai, tal como a pergunta na primeira cena do sonho. O poço ele logo interpretou, sem hesitar, como a vagina, referindo-se ao acolchoado macio de suas paredes.

Acrescentei que o ato de descer, assim como o de subir, descreve o ato sexual vaginal, por ter conhecimento disso a partir de outros casos.[29]

O próprio sonhador explicou, a partir de sua biografia, o detalhe de haver no final do primeiro poço uma plataforma mais longa e depois um novo poço. Havia se relacionado sexualmente com mulheres durante algum tempo, mas deixou de fazê-lo por conta de certas inibições, e agora espera poder voltar a isso com a ajuda do tratamento. O sonho, no entanto, torna-se vago no final, e para o profissional experiente torna-se evidente que na segunda cena do sonho a influência de outro tema começa a se fazer sentir. Apontam para esse tema os negócios de seu pai e suas práticas desonestas, assim como a primeira vagina representada como um poço; isso permite pensar em uma referência à mãe.

4. Simbolização dos genitais masculinos por pessoas e dos femininos por uma paisagem (sonho de uma mulher de classe baixa cujo marido é policial, relatado por Bernhard Dattner):

> … Então alguém invadiu a casa, e ela, nervosa, chamou um policial. Mas ele entrou junto com dois vagabundos em uma igreja,[30] à qual chegou subindo vários degraus;[31] atrás da igreja havia uma montanha,[32] com uma densa floresta no topo.[33] O policial usava um capacete, uma gorjeira[34] e uma capa.[35] Os dois vagabundos, que acompanhavam pacificamente o policial, haviam amarrado à cintura aventais semelhantes a sacos.[36] Em frente à igreja, um caminho levava até a montanha. De

29. Cf. *Zentralblatt für Psychoanalyse*, I. (N.A.)

30. Ou capela — vagina. (N.A.)

31. Símbolo do coito. (N.A.)

32. *Mons veneris* (monte de Vênus). (N.A.)

33. *Crines pubis* (pelos pubianos). (N.A.)

34. No original, "*Ringkragen*": ornamento de garganta ou peça protetora da garganta numa armadura. (N.T.)

35. Demônios com capas e capuzes são, de acordo com a explicação de um homem versado no assunto, de natureza fálica. (N.A.)

36. As duas metades do escroto. (N.A.)

ambos os lados cresciam capins e moitas, que se tornavam cada vez mais densos à medida que o caminho se aproximava do topo da montanha, dando lugar a uma considerável floresta.

5. Um sonho sobre escadas (relatado e interpretado por Otto Rank).

Ao mesmo colega que forneceu o sonho de irritação dentária, agradeço o seguinte sonho de ejaculação involuntária, tão transparente quanto o primeiro:

> Estou perseguindo uma menininha escada abaixo e quero puni-la por ter feito algo comigo. No pé da escada, alguém deteve a criança para mim (uma mulher adulta?). Agarro-a, mas não sei se bati nela, pois de repente me vejo no meio da escada, copulando com a menina (como se fosse no ar). Não é uma cópula de fato, apenas esfrego meu órgão genital nos genitais externos dela, e ao fazer isso eu os vejo com muita clareza, tão bem quanto vejo sua cabeça, que está virada de lado. Durante o ato sexual, vejo pendurados à esquerda e acima de mim (também como se estivessem no ar) dois pequenos quadros, paisagens, que mostram uma casa em meio a árvores. Na parte inferior do quadro menor, em vez da assinatura do pintor está meu próprio nome, como se estivesse destinado a ser meu presente de aniversário. A seguir, vejo um pequeno cartaz pendurado diante dos quadros, informando que quadros mais baratos podem também ser obtidos. Vejo-me então, de forma muito vaga, deitado na cama, assim como me vi ao pé da escada, e sou acordado por uma sensação de umidade que vinha da polução.

Interpretação de Otto Rank. Durante a tarde do dia do sonho, o sonhador esteve em uma livraria, onde, enquanto esperava, examinou alguns quadros expostos, que representavam motivos semelhantes aos quadros do sonho. Aproximou-se de um pequeno quadro que lhe agradou em especial, para ver o nome do artista, mas este lhe era um completo desconhecido.

Mais tarde, na mesma noite, durante uma reunião com amigos, ouviu a história de uma criada da Boêmia que se gabava de que seu filho ilegítimo havia sido "feito na escada". O sonhador indagou por mais detalhes desse fato inusitado e soube que a criada havia ido com o amante para a casa dos pais, onde não houve oportunidade para relações sexuais, e que o homem, excitado, consumou o ato na escada. Numa alusão espirituosa à expressão maliciosa usada para indicar a adulteração de um vinho, o sonhador comentou que, de fato, a "criança havia sido concebida na escada da adega".

Tais experiências diurnas, bastante proeminentes no conteúdo onírico, foram prontamente reproduzidas pelo sonhador. Mas com igual facilidade ele reproduziu um velho fragmento de lembrança infantil que também foi utilizado pelo sonho. A escadaria era aquela da casa em que passara a maior parte da infância e na qual havia travado pela primeira vez conhecimento dos problemas sexuais. Nessa escada, entre outras coisas, ele costumava deslizar pelo corrimão, o que fazia com que se excitasse sexualmente. No sonho, ele desce as escadas igualmente rápido — tão rápido que, segundo ele indica inequivocamente, quase nem encosta nos degraus, mas, sim, "voa" ou "escorrega" por eles. Ao se referir a essa experiência infantil, o início do sonho parece representar o fator da excitação sexual. Na mesma casa e na residência ao lado, o sonhador costumava realizar brincadeiras violentas com as crianças vizinhas nas quais se satisfazia como no sonho.

Quando temos em mente que, segundo as investigações de Freud sobre o simbolismo sexual,[37] nos sonhos, as escadas ou o ato de subir escadas quase sempre simbolizam a cópula, esse sonho fica claro. Sua força propulsora, bem como seu efeito — a polução —, é de natureza puramente libidinosa. A excitação sexual é despertada durante o sono (isso é representado no sonho pela corrida ou pela descida veloz), e o viés sádico da cena é, com base nas brincadeiras violentas,

---

37. Ver *Zentralblatt für Psychoanalyse*, vol. I, p. 2. (N.A.)

indicado na perseguição e submissão da menina. A excitação libidinosa aumenta e incita à ação sexual (representada no sonho pela captura da criança e pelo ato de levá-la para o meio da escada). Até esse ponto, o sonho poderia ser visto como puro simbolismo sexual e incompreensível para o intérprete de sonhos sem muita prática. No entanto, essa gratificação simbólica, que poderia ter assegurado um sono tranquilo, não foi o bastante para a excitação libidinosa exacerbada. A excitação leva ao orgasmo e, com isso, é revelado todo o simbolismo da escada como substituta para a cópula. Freud destaca o caráter rítmico das duas ações como um dos fundamentos para o uso sexual do simbolismo da escada, e esse sonho parece corroborar isso de forma particularmente clara, pois o sonhador afirmou expressamente que o ritmo de um ato sexual foi a característica mais marcante em todo o sonho.

Ainda outra observação sobre os dois quadros, que, para além de seu real significado, também têm o sentido simbólico de "*Weibsbilder*" (literalmente, *imagens de mulher*, mas usado em alemão para designar *mulheres*), como demonstram tanto o fato de aparecerem no sonho um quadro grande e um pequeno quanto o conteúdo do sonho apresentar uma mulher grande (adulta) e uma menina pequena. A disponibilidade de quadros baratos aponta para o complexo de representações da prostituição, enquanto o nome do sonhador escrito no quadro pequeno e o pensamento de que este seria seu presente de aniversário apontam para o complexo paterno (nascer na escada — concebido na cópula).

A cena final indistinta, em que o sonhador se vê no patamar do alto da escada, deitado na cama e se sentindo molhado, parece voltar à infância, para antes mesmo do onanismo infantil, e parece ter como modelo cenas igualmente prazerosas de molhar a cama.

6. Um sonho sobre escadas modificado.

Observei certa vez a um de meus pacientes muito nervosos, que se encontrava em abstinência sexual, cuja fantasia estava fixada na mãe e que repetidas vezes sonhou estar subindo escadas junto com ela, que a masturbação moderada lhe seria menos prejudicial do que a restrição autoimposta. Minha interferência provocou o seguinte sonho:

> Seu professor de piano o repreende por negligenciar seus exercícios de piano e por não praticar os *Études* de Moscheles e os *Gradus ad Parnassum* de Clementi.

Sobre isso, ele observou que *Gradus* é também uma escada, assim como o piano em si, pois tem uma escala.

Podemos dizer que não existe qualquer série de associações que não possa ser adaptada à representação de fatos sexuais. Termino com o sonho de um químico, um jovem que se esforçava para abandonar o hábito da masturbação substituindo-o por relações sexuais com mulheres.

Relato preliminar. Na véspera do sonho, ele havia dado a um aluno instruções sobre a reação de Grignard, na qual o magnésio deve ser dissolvido em éter absolutamente puro por meio da ação catalítica do iodo. Dois dias antes, houve uma explosão durante essa mesma reação, em que um técnico havia queimado a mão:

> Sonho I — Ele deve fazer brometo de fenilmagnésio; está vendo o aparelho com particular nitidez, mas ele próprio está substituindo o magnésio. Está agora em um estado estranho de instabilidade. Fica repetindo para si: "isso está certo, está funcionando, meus pés estão começando a se dissolver e meus joelhos estão ficando moles". Então ele se abaixa e tateia em busca dos pés. Enquanto isso (ele não sabe como), tira suas pernas do cadinho e então diz, de novo, a si mesmo: "isso não pode ser… Sim, mas deve ser assim, foi feito da forma correta". Então acorda parcialmente e repete o sonho para si mesmo, porque quer contá-lo a mim. Ele sente um medo evidente da análise do sonho. Está mui-

to excitado durante esse estado semiadormecido e repete sem parar: "fenil, fenil".

Sonho II — Ele está com toda a sua família; são onze e meia. Ele deve estar no Schottenthor para um encontro com uma certa dama, mas não acorda até as onze e meia. Diz a si mesmo: "agora é tarde demais; quando você chegar lá, serão doze e meia". No instante seguinte, ele vê toda a família reunida em torno da mesa e, com particular nitidez, sua mãe e a criada com a travessa de sopa. Então diz para si: "bem, se já estamos comendo, com certeza já é tarde demais para sair".

Análise. Ele tinha certeza de que até mesmo o primeiro sonho continha uma referência à dama com quem se encontraria (o sonho transcorreu na noite anterior ao aguardado encontro). O aluno a quem ele dera instruções é um sujeito particularmente desagradável; dissera-lhe "isso não está certo" porque o magnésio não havia sido afetado, e o químico respondeu como se não se importasse nem um pouco: "claro que não está certo". Ele mesmo (o paciente) deve ser esse aluno, tão indiferente à análise quanto o aluno real em relação à síntese; já o que aparece como *ele* no sonho, quem realiza a operação, sou eu. Quão desagradável ele deve parecer a mim com sua indiferença para com o sucesso alcançado!

Por outro lado, ele é o material com o qual a análise (síntese) é feita. O que está em jogo é o sucesso do tratamento. A referência do sonho às pernas o faz recordar uma experiência da noite anterior. Na aula de dança, ele conheceu uma dama que desejou conquistar; ele a apertou contra si com tanta força que ela gritou uma vez. Depois que parou de pressionar as pernas dela, ele a sentiu responder com uma firme pressão contra a parte inferior de suas coxas, até pouco acima do joelho, o local mencionado no sonho. Nessa situação, então, a mulher é o magnésio na retorta, que, por fim, está funcionando. Ele é feminino com relação a mim, como é masculino para com a mulher. Se vai funcionar com a mulher, o tratamento também vai funcionar. Tocar-se e tornar-se ciente de si mesmo na região dos joelhos remete à masturbação e corresponde ao cansaço do dia anterior… O encontro com a dama havia sido marcado, de fato, para as onze e meia. Seu desejo de dormir demais e de permanecer com seus objetos sexuais habituais (isto é, com a masturbação) corresponde à sua resistência.

VI.
O desejo nos sonhos

Todos nós, sem dúvida, ficamos surpresos com a afirmação de que o sonho não passa de uma realização de desejos — e isso não apenas por conta da contradição que os sonhos de angústia representam.

Depois que as primeiras explicações analíticas revelaram que o sonho oculta um significado e um valor psíquico, dificilmente eu poderia esperar que tal significado fosse tão fácil de determinar. Segundo a definição correta, mas breve demais, de Aristóteles, o sonho é a continuidade do pensamento durante o sono (e enquanto se dorme). Considerando que, durante o dia, nosso pensamento produz tamanha diversidade de atos psíquicos — julgamentos, conclusões, negações, expectativas, intenções —, por que durante a noite teria de limitar-se à produção de desejos? Acaso não há, pelo contrário, inúmeros sonhos que mostram outros tipos de ato psíquico, por exemplo, uma preocupação, transmutados na forma de sonho? Não seria dessa natureza o sonho particularmente transparente acerca do pai?:

> Do brilho da luz que bate em seus olhos enquanto dorme, o pai tira a preocupada conclusão de que uma vela havia caído e poderia ter colocado fogo no cadáver do filho.

Ele transforma essa conclusão em um sonho, apresentando-a como uma situação sensorial, ocorrida no tempo presente. Que papel desempenha nesse sonho a realização do desejo? E do que devemos suspeitar, da predominância do pensamento que persistiu a partir do estado de vigília ou do que foi incitado pela nova impressão sensorial?

Todas essas considerações são válidas e nos obrigam a estudar mais a fundo o papel desempenhado pela realização de desejos no sonho e o significado dos pensamentos de vigília que persistem no sono.

De fato, justamente a realização de desejos já nos levou a separar os sonhos em dois grupos. Encontramos alguns sonhos que eram claramente realizações de desejo e outros em que a realização de desejos era irreconhecível, e com frequência disfarçada de todas as formas possíveis. Nesse segundo grupo de sonhos, reconhecemos a ação da censura onírica. Os sonhos de desejo não disfarçados foram encontrados sobretudo nas crianças; breves sonhos francamente de desejo *pareceram* (enfatizo de propósito essa palavra) ocorrer também nos adultos.

Podemos nos perguntar, a seguir, de onde se origina o desejo realizado no sonho. Mas a que oposição ou diversidade podemos relacionar esse "de onde"? A meu ver, à oposição entre a vida diurna consciente e uma atividade psíquica que permanece inconsciente e que só pode se fazer perceber durante a noite. Assim, encontro três possibilidades para a origem de um desejo. Primeiro, ele pode ter sido despertado durante o dia e, por circunstâncias externas, não ter sido satisfeito; assim, fica pendente para a noite um desejo admitido, mas não satisfeito. Segundo, o caso de o desejo surgir durante o dia, mas ser repudiado; fica pendente um desejo não satisfeito e que foi suprimido. Terceiro, o desejo pode carecer de relação com a vida diurna e ser um daqueles desejos que durante a noite têm origem na supressão. Se recorrermos agora a meu esquema do aparelho psíquico, localizaremos um desejo do primeiro tipo no *sistema Pcs.*[38] Podemos supor que o desejo do segundo tipo foi empurrado do *sistema Pcs.* para o *Ics.* e, se é que sobreviveu, só sobreviveu neste; já quanto às moções de desejo do terceiro tipo, considero ser completamente incapazes de deixar o *sistema Ics.* Com isso, cabe o

38. Os sistemas de Freud são parte integrante de *A interpretação dos sonhos*, publicada originalmente no ano de 1900. De forma resumida, na obra, o autor define "sistema *Pcs.*" como algo relativo ao pré-consciente, e, por sua vez, o *Ics* representa o inconsciente. (N.E.)

questionamento sobre se os desejos decorrentes dessas diferentes fontes possuem a mesma importância para o sonho e se têm o mesmo poder de instigar um sonho.

Revendo os sonhos que temos a nossa disposição para responder a essa pergunta, somos de imediato levados a acrescentar como quarta fonte de desejo onírico as moções de desejo reais que surgem durante a noite, como sede e desejo sexual. Torna-se então evidente que a fonte do desejo onírico não afeta sua capacidade de instigar um sonho. São muitos os exemplos mostrando um desejo suprimido durante o dia que se expressa no sonho. Vou citar um exemplo muito simples desse tipo. Uma jovem de espírito um tanto sarcástico tem uma amiga, mais jovem que ela, que ficou noiva, e, ao longo do dia, as pessoas lhe perguntam se conhece o noivo e o que acha dele. Ela responde apenas com elogios, silenciando assim seu próprio julgamento, pois teria preferido dizer a verdade, ou seja, que ele é uma pessoa comum, que homens como ele "existem às dúzias". Na noite seguinte, ela sonha que lhe fazem a mesma pergunta e que ela responde com a fórmula: "em caso de novos pedidos, basta mencionar o número". Por fim, aprendemos por meio de numerosas análises que, nos sonhos onde houve distorção, o desejo veio do inconsciente e não conseguiu chegar à percepção durante o dia. Assim, aparentemente todos os desejos têm igual importância e poder para a formação do sonho.

Não consigo provar aqui que a situação real é outra, mas estou muito inclinado a supor que o desejo onírico seja determinado de forma mais estrita. Os sonhos das crianças não deixam dúvidas de que um desejo não trabalhado durante o dia pode ser o instigador do sonho. Mas não podemos nos esquecer de que é, afinal, o desejo de uma criança, que é uma moção de desejo com a força própria da infância. Tenho fortes dúvidas sobre se, em um adulto, um desejo não realizado durante o dia seja suficiente para criar um sonho. Parece antes que, à medida que aprendemos a controlar nossos impulsos por meio da atividade do pensamento, temos a tendência cada vez maior de renunciar, por sua inutilidade, à formação ou retenção de desejos tão intensos como são os naturais da infância. Nesse aspecto, de fato, pode haver diferenças individuais, e algumas pessoas conservam o tipo infantil de processos psíquicos por mais tempo do que outras; tais diferenças são como as que existem também na diminuição gradual do modo de representação original, que se faz por imagens nítidas.

Em geral, porém, sou da opinião seguinte: nos adultos, os desejos que ficaram pendentes de realização durante o dia são insuficientes para produzir um sonho. Admito de bom grado que a moção de desejo originada do consciente possa contribuir para instigar o sonho, mas é provável que seja apenas isso. O sonho não se produziria se o desejo pré-consciente não fosse reforçado por outra fonte.

Esta é o inconsciente. Acredito que o *desejo consciente só se torne um instigador de sonhos caso consiga despertar um desejo inconsciente equivalente que venha a reforçá-lo.* De acordo com indicações que obtive pela psicanálise das neuroses, acredito que esses desejos inconscientes estão sempre em alerta e prontos para expressarem-se quando surge a oportunidade de se unir a uma moção do consciente e de transferir sua grande intensidade à menor intensidade desta última.[39] Pode, portanto, parecer que apenas o desejo consciente foi realizado no sonho, e só alguma pequena peculiaridade na configuração desse sonho nos apontará na direção do poderoso assistente vindo do inconsciente. Esses desejos de nosso inconsciente, sempre em estado de alerta e, por assim dizer, imortais, lembram os lendários Titãs, que, desde tempos imemoriais, jazem sepultados sob as

---

39. Eles compartilham esse caráter de indestrutibilidade com todos os atos psíquicos que são realmente inconscientes, ou seja, com atos psíquicos pertencentes apenas ao sistema do inconsciente. Esses caminhos estão abertos o tempo todo e nunca deixam de ser utilizados; eles conduzem à descarga do processo de excitação sempre que incide a excitação inconsciente. Usando uma metáfora, são aniquilados da mesma forma que as sombras do mundo subterrâneo na *Odisseia*, que adquiriam nova vida ao beber sangue. Os processos que dependem do sistema pré-consciente são passíveis de destruição de uma maneira diferente. É nessa diferença que se baseia a psicoterapia das neuroses. (N.A.)

pesadas montanhas rochosas que um dia foram lançadas sobre eles pelos deuses vitoriosos, e que ainda hoje são sacudidas, de tempos em tempos, pelas convulsões de seus membros; afirmo que esses desejos que se encontram em estado de recalque são eles mesmos de origem infantil, como vimos no estudo psicológico das neuroses. Gostaria, portanto, de retirar a afirmativa antes expressa de que a procedência do desejo onírico é indiferente e substituí-la por outra, qual seja: *o desejo manifestado no sonho deve ser um desejo infantil.* No adulto, ele se origina no *Ics.*, enquanto na criança, em que a separação e a censura entre o *Pcs.* e o *Ics.* ainda não existem ou estão ainda em processo de formação, é um desejo não realizado e não recalcado da vida de vigília. Estou ciente de que a validade geral dessa concepção não pode ser demonstrada, mas afirmo que pode ser demonstrada com frequência, mesmo quando isso não é esperado, e que não pode ser refutada de forma ampla.

Assim, as moções de desejo que restam da vida consciente de vigília ficam relegadas a um papel secundário na formação dos sonhos. Não atribuirei a elas, no que diz respeito ao conteúdo do sonho, outro papel senão aquele que é desempenhado pelo material das sensações reais que ocorrem durante o sono. Vou seguir essa minha linha de raciocínio ao considerar agora as demais incitações psíquicas que ficam do estado de vigília e que não são desejos. Quando decidimos ir dormir, é possível que consigamos fazer cessar temporariamente o investimento de energia[40] de nosso pensamento de vigília. Indivíduos capazes de fazê-lo dormem bem; Napoleão Bonaparte tem fama de ter sido um modelo disso. Mas nem sempre conseguimos fazê-lo ou fazê-lo de forma totalmente exitosa. Problemas não resolvidos, preocupações martirizantes, excesso de impressões dão continuidade à atividade de pensamento mesmo durante o sono, mantendo

---

40. O termo utilizado por Freud é "*Besetzung*", que significa "ocupação". No original, Eder não é consistente na tradução, usando "*sum of energy, occupation*" ou simplesmente omitindo o termo. Optamos por usar o termo "investimento", que é o usual na literatura psicanalítica. Atualmente, o termo utilizado é "catexia", mas Freud não o adotou neste livro nem na obra *A interpretação dos sonhos.* (N.T.)

processos psíquicos no sistema que denominei de pré-consciente. Se quisermos estabelecer uma classificação dessas moções de pensamento que continuam enquanto dormimos, podemos reconhecer os seguintes grupos: (1) aquilo que não foi trabalhado durante o dia devido a uma interrupção casual; (2) aquilo que foi deixado sem trabalhar por conta da paralisia temporária de nossa capacidade intelectual, *isto é*, o não resolvido; (3) aquilo que foi repudiado e suprimido durante o dia. A estes deve se somar, ainda, (4) um grupo poderoso formado por aquilo que foi ativado em nosso *Ics.* ao longo do dia pela atividade do pré-consciente. Por fim, pode-se acrescentar o grupo (5), formado pelas impressões diurnas indiferentes e, portanto, não trabalhadas.

Não devemos subestimar as intensidades psíquicas introduzidas no sono por esses restos da vida diurna, em especial aquelas do grupo de problemas não solucionados. Tais excitações certamente continuam tentando expressar-se durante a noite, e podemos supor com igual certeza de que o estado de sono torna impossível o avanço normal do processo de excitação no pré-consciente e seu término ao tornar-se consciente. Na medida em que, mesmo durante a noite, podemos nos tornar conscientes de nossos processos mentais de maneira normal, isso significa que não estamos dormindo. Não me atreverei a dizer qual é a alteração produzida pelo estado de sono no *sistema Pcs.*, mas não há dúvida de que as características psicológicas do sono se devem essencialmente à modificação do investimento de energia nesse sistema, que também governa o acesso à capacidade de movimento, que fica paralisada durante o sono. Por outro lado, parece não haver nada na psicologia dos sonhos que justifique a suposição de que o sono produz alterações que não sejam secundárias nas condições do *sistema Ics.* Assim, para a excitação noturna do *Pcs.*, não resta outro caminho senão aquele seguido pelas excitações de desejo que provêm do *Ics.* A excitação pré-consciente deve buscar reforço do *Ics.* e seguir o mesmo caminho tortuoso que as excitações inconscientes. Mas qual é a relação dos restos pré-conscientes do dia anterior com o sonho? Não há dúvida de que esses restos penetram em massa no sonho e que utilizam o conteúdo onírico para ter acesso à consciência mesmo durante a noite; eles chegam até mesmo a dominar o conteúdo do sonho, forçando-o a continuar a atividade diurna. Também é fato que os restos do dia podem muito bem ter qualquer outro caráter que não seja o de desejo; no entanto, é altamente instrutivo e até decisivo para a teoria da realização de desejo verificar a quais condições eles devem obedecer para serem acolhidos em um sonho.

Vou exemplificar com o sonho em que meu amigo Otto parece apresentar os sintomas da doença de Basedow. A aparência de Otto me causara certa preocupação durante o dia, me afetou, como tudo o que diga respeito a meu amigo. Posso supor, ainda, que os sentimentos me acompanharam até o sono. É provável que eu quisesse descobrir qual era seu problema. À noite, minha preocupação expressou-se num sonho cujo conteúdo não só carecia de sentido como não correspondia a qualquer realização de desejos. Então comecei a investigar a origem dessa expressão inadequada da preocupação sentida durante o dia, e a análise revelou a conexão. Identifiquei meu amigo com um certo barão L., e a mim mesmo com o professor R. Só havia uma explicação para eu ser impelido a selecionar apenas essa substituição para o pensamento do dia. Devo ter sido sempre preparado na *Ics.* para identificar-me com o professor R., pois isso significava a realização de um dos desejos imortais da infância, qual seja, o desejo da mania de grandeza. Pensamentos desagradáveis em relação ao meu amigo, que com certeza teriam sido repudiados durante o dia, aproveitaram a oportunidade para se insinuar no sonho, mas também a preocupação da véspera encontrou alguma forma de expressão através de um substituto no conteúdo do sonho. O pensamento diurno, que em si não era um desejo, mas, ao contrário, uma preocupação, precisou de alguma maneira encontrar uma conexão com o desejo infantil, agora inconsciente e suprimido, o que então lhe permitiu, embora já devidamente modificado, "originar-se" na consciência.

Quanto mais dominante essa preocupação, mais forte deve ser a conexão a ser estabelecida; não é necessária qualquer conexão entre o conteúdo do desejo e o da preocupação, como tampouco houve em quaisquer de nossos exemplos.

Agora podemos dar uma explicação precisa sobre o papel desempenhado do desejo inconsciente para o sonho. Deve-se admitir que há toda uma classe de sonhos em que a instigação se origina, de maneira preponderante ou mesmo exclusiva, dos restos da vida diurna, e creio que até mesmo meu desejo acalentado de me tornar no futuro um "*Professor extraordinarius*"[41] teria me permitido dormir tranquilo naquela noite se a preocupação com a saúde de meu amigo não tivesse persistido desde o dia anterior. Mas a preocupação, por si só, não teria produzido um sonho; a força impulsora de que o sonho necessitava deveria ser fornecida por um desejo, e caberia à preocupação obter tal desejo como força impulsora. Para usar uma analogia, é bem possível que um pensamento diurno desempenhe, para um sonho, o papel do contratante (*empreendedor*). Mas sabe-se que, seja qual for a ideia que o empreendedor possa ter em mente, e por mais desejoso que esteja de colocá-la em prática, ele não pode fazer nada sem capital; ele deve depender de um investidor para arcar com as despesas necessárias, e esse investidor, que cobre as despesas psíquicas para o sonho, é em todos os casos e inevitavelmente *um desejo procedente do inconsciente*, não importando quais sejam os pensamentos do dia anterior.

Em outros casos, o próprio investidor é o contratante do sonho; esse, aliás, parece ser o caso mais usual. A atividade diurna cria um desejo inconsciente, que por sua vez cria o sonho. Os processos oníricos, aliás, também apresentam analogias com todas as outras possibilidades da relação econômica aqui usada como exemplo: o contratante pode contribuir com uma parte do capital ele mesmo, ou

---

41. Professor associado; um cargo que, apesar de não ser remunerado, era importante para Freud pelo prestígio de estar vinculado a uma universidade. Ele se tornou professor associado da Universidade de Viena em 1902. (N.T.)

vários contratantes podem pedir ajuda ao mesmo investidor, ou vários investidores podem fornecer em conjunto o capital exigido pelo contratante. Assim, há sonhos sustentados por mais de um desejo onírico — e todas as outras variações que poderiam ser elencadas mas que não teriam grande interesse para nós. Deixemos para mais tarde o que resta a dizer sobre o desejo onírico.

O *tertium comparationis*,[42] na analogia que acabo de empregar — *isto é*, a quantia colocada à disposição, em volume adequado —, admite uma aplicação ainda mais detalhada para discernir a estrutura do sonho. Na maioria dos sonhos, podemos reconhecer um ponto central provido por uma intensidade sensorial particular. Esse ponto é, em geral, a representação direta da realização do desejo, pois, se desfizermos os deslocamentos produzidos pelo trabalho do sonho, verificaremos que a intensidade psíquica dos elementos nos pensamentos oníricos é substituída pela intensidade sensorial dos elementos no conteúdo do sonho. Os elementos que estão próximos à realização do desejo muitas vezes nada têm a ver com o sentido deste, mas revelam-se derivados de pensamentos aflitivos que se opõem ao desejo. Contudo, devido a sua conexão muitas vezes artificial com o elemento central, eles adquiriram intensidade suficiente para se tornar capazes de ser representados no sonho. Assim, o poder de representação da realização do desejo se difunde por uma certa esfera ao seu redor, dentro da qual todos os elementos, inclusive aqueles que carecem de recursos próprios, adquirem força suficiente para ser representados. Em sonhos ativados por vários desejos, é fácil separar umas das outras as esferas das várias realizações de desejo; há diversas ocasiões em que até mesmo as lacunas do sonho podem ser explicadas como zonas de fronteira.

Embora tenhamos, com as observações anteriores, reduzido bastante a importância que os restos diurnos têm para o sonho, vale a pena dar-lhes mais alguma atenção, pois devem ser um ingrediente

---

42. Em latim, "a terceira parte da comparação". É a qualidade que têm em comum duas coisas que estão sendo comparadas. (N.T.)

necessário na formação do sonho, posto que a experiência revela o surpreendente fato de que todo sonho mostra, em seu conteúdo, uma conexão com alguma impressão diurna recente, muitas vezes do tipo mais irrelevante. Até agora, não conseguimos encontrar qualquer necessidade desse acréscimo à mistura que constitui o sonho. Essa necessidade surge apenas se seguirmos cuidadosamente o papel desempenhado pelo desejo inconsciente e, em seguida, buscarmos informações na psicologia das neuroses. Aprenderemos, assim, que a representação inconsciente, como tal, é completamente incapaz de irromper no pré-consciente, e que ela só pode exercer ali alguma influência se cria um vínculo com uma representação inofensiva já pertencente ao pré-consciente, para a qual transfere sua intensidade e por trás da qual se deixa ocultar. Eis aí o fato da transferência, que fornece uma explicação para diversos eventos notáveis na vida psíquica dos neuróticos.

Essa representação advinda do pré-consciente, que assim alcança um grau imerecido de intensidade, pode permanecer inalterada pela transferência ou pode ver-se forçada a uma modificação devida ao conteúdo da representação responsável pela transferência. Espero que o leitor me perdoe o gosto por analogias com o cotidiano, mas me sinto tentado a dizer que, para a representação recalcada, a situação se parece com a de um dentista estadunidense na Áustria, o qual é proibido de exercer sua profissão a menos que se valha de um médico qualificado para servir-lhe como cobertura perante a lei. E, da mesma forma como não são, é claro, os médicos mais afamados e ocupados que fazem tais alianças com os dentistas, são escolhidas para cobrir uma representação recalcada apenas ideias pré-conscientes ou conscientes que não atraíram muito da atenção que atua dentro do pré-consciente. O inconsciente cria conexões, de preferência, com impressões e representações do pré-consciente que não tenham recebido atenção por serem indiferentes ou que mereceram atenção, mas a perderam ao serem repudiadas. Uma tese familiar dos estudos de associação, amplamente confirmada pela experiência, diz que as representações que formaram conexões íntimas em uma certa direção assumem uma atitude quase refratária ante grupos inteiros de novas conexões. Certa vez, tentei desenvolver, a partir desse princípio, uma teoria para a paralisia histérica.

Se admitirmos que também no sonho existe essa necessidade de transferência por parte das representações recalcadas, revelada pela análise das neuroses, poderemos explicar de uma só vez dois enigmas do sonho, quais sejam, que toda análise de um sonho mostra um entrelaçamento de alguma impressão recente e que esse elemento recente com frequência é do tipo mais irrelevante. Podemos acrescentar o que já aprendemos em outro lugar, que esses elementos recentes e indiferentes chegam tantas vezes ao conteúdo do sonho em substituição aos mais antigos dos pensamentos oníricos pela razão adicional de que são os que menos têm de temer a censura da resistência. Enquanto o fato de estarem isentos de censura explica a preferência por elementos triviais, a presença constante de elementos recentes deixa entrever a exigência de que ocorra a transferência. Ambos os grupos de impressões satisfazem a demanda do recalcado por material ainda livre de associações, as indiferentes porque não deram qualquer chance para associações extensas e as recentes porque lhes faltou tempo para isso.

Vemos assim que os restos do dia, entre os quais podemos agora incluir as impressões indiferentes, não apenas tomam algo emprestado do *Ics.* quando participam da formação do sonho — a saber, a força pulsional que está à disposição do desejo recalcado —, mas também oferecem ao inconsciente algo indispensável, o apoio necessário para a transferência. Se aqui tentássemos penetrar mais a fundo nos processos psíquicos, teríamos de lançar mais luz sobre o jogo de excitações entre o pré-consciente e o inconsciente, e, de fato o estudo das psiconeuroses nos insta a fazê-lo, enquanto o sonho em si não nos ajuda em nada.

Acrescento apenas mais uma observação sobre os restos diurnos. Não há dúvida de que são os verdadeiros perturbadores do sono, e não o sonho, que, pelo contrário, se esforça para protegê-lo. Voltaremos a esse ponto mais adiante.

Até agora, discutimos o desejo onírico, traçamos sua origem até a esfera do *Ics.* e analisamos suas relações com os restos diurnos, que por sua vez podem ser desejos, moções psíquicas de algum outro tipo ou simplesmente impressões recentes. Assim, abrimos espaço para eventuais reivindicações em favor da importância da atividade do pensamento de vigília, em todas as suas variações, para a formação do sonho. Tomando por base toda a argumentação, não seria de todo impossível explicar mesmo aqueles casos extremos em que o sonho, dando sequência ao trabalho diurno, leva a uma solução feliz algum problema que permaneceu inconcluso na vida de vigília. Basta-nos um exemplo desse tipo cuja análise possa revelar a fonte do desejo infantil ou recalcado que foi convocado para ajudar e que reforçou com êxito os esforços da atividade pré-consciente. Mas não demos um passo sequer rumo a uma solução deste enigma: por que apenas durante o sono o inconsciente tem a oferecer a força propulsora para a realização do desejo? A resposta a essa pergunta deve esclarecer a natureza psíquica dos desejos e será obtida com o auxílio do esquema do aparelho psíquico.

Não temos dúvidas de que esse aparelho atingiu sua perfeição atual percorrendo uma longa trajetória de desenvolvimento. Vamos tentar retroceder a uma etapa anterior de sua capacidade de funcionamento. Por meio de suposições, a serem fundamentadas em outro lugar, temos que, a princípio, o aparelho se esforçou para permanecer o mais livre possível de estímulos, adotando em sua primeira formação a estrutura de um aparelho reflexo, que lhe permitia descarregar de imediato, pelas vias motoras, qualquer excitação sensorial externa que recebesse. Mas essa simples função sofreu interferência das exigências da vida, que também servem como impulso para o desenvolvimento posterior do aparelho. Essas exigências da vida manifestaram-se primeiro sob a forma das grandes necessidades físicas. A excitação imposta pela necessidade interna busca uma descarga no movimento, que pode ser descrito como uma "alteração interna" ou como uma "expressão emocional". A criança faminta chora ou esperneia, desamparada, mas sua situação permanece inalterada, pois a excitação proveniente de uma necessidade interna requer não um surto momentâneo, mas uma força que atua continuamente. Só pode ocorrer uma mudança se, de alguma forma, se produz uma vivência de satisfação — que, no caso da criança, se dá por uma ajuda externa — que põe fim ao estímulo interno. Um componente essencial dessa vivência é o aparecimento de uma certa percepção (o alimento, em nosso exemplo), cuja imagem mnêmica fica associada, daí em diante, à marca mnêmica deixada por aquela necessidade.

Graças à conexão assim estabelecida, da próxima vez que essa necessidade se manifestar, aflorará uma moção psíquica que revive a imagem mnêmica daquela percepção e, assim, evoca a percepção em si, isto é, restabelece a situação da satisfação original. Chamo de desejo uma moção desse tipo; o reaparecimento da percepção constitui a realização do desejo, e o caminho mais curto para tal realização é o que leva da excitação produzida pelo desejo até o despertar pleno da percepção. Podemos supor ter existido um estado primitivo do aparelho psíquico no qual essa via era de fato percorrida, com o desejo terminando em uma alucinação. Essa primeira atividade psíquica visava, portanto, uma identidade perceptiva, ou seja, a repetição daquela percepção que está vinculada à satisfação da necessidade.

Uma experiência amarga de vida deve ter modificado essa atividade mental primitiva em outra, secundária, mais prática. O estabelecimento da identidade perceptiva pela via curta da regressão no interior do aparelho não terá, em outras instâncias da psique, o mesmo resultado que inevitavelmente se segue ao ressurgimento da mesma percepção desde o exterior. A satisfação não acontece e a necessidade persiste. Para equiparar o investimento de energia interno com o externo, o primeiro deve ser continuamente mantido, como de fato acontece nas psicoses alucinatórias e nas fantasias de fome, que exaurem sua atividade psíquica no apego ao objeto de seu desejo. Para fazer uso mais eficiente da força psíquica, torna-se necessário inibir a regressão antes de sua conclusão, de modo a impedir que se estenda para além da imagem mnêmica, e possa selecionar outros caminhos que acabem levando ao estabelecimento da identidade perceptiva desejada a partir do mundo exterior. Essa inibição e o consequente desvio da excitação tornam-se tarefa de um segundo sistema, que controla o movimento voluntário — ou seja, um sistema encarregado, com exclusividade, de empregar o movimento para propósitos previamente lembrados. Mas toda essa complexa atividade mental, que vai desde a imagem mnêmica até o estabelecimento da identidade perceptível pelo mundo exterior, representa apenas um desvio imposto pela experiência à realização do desejo.[43] Assim, o pensamento nada mais é do que o substituto do desejo alucinatório, e, de imediato, se evidencia que o sonho deve ser uma realização de desejo, pois nada além de um desejo pode levar à atividade de nosso aparelho psíquico. O sonho, que realiza seus desejos seguindo o curto caminho regressivo, dessa forma preserva para nós uma pequena amostra da forma primária de trabalho do aparelho psíquico, que foi abandonada por ser ineficiente. O que antes dominava a vida de vigília, quando a vida psíquica ainda era jovem e inepta, parece ter sido banido para o estado do sono, assim como reencontramos no quarto das crianças o arco e a flecha, as armas primitivas descartadas pelos homens adultos. *O sonho é um fragmento da vida psíquica infantil abandonada.* Esses métodos de funcionamento do aparelho psíquico, que em geral estão suprimidos durante o período de vigília, voltam a se impor nas psicoses, e então demonstram sua incapacidade de satisfazer a nossas necessidades no mundo exterior.

É evidente que as moções de desejo inconscientes se esforçam para se afirmar também durante o dia, e a existência da transferência, bem

---

43. Le Lorrain exalta, com razão, a realização do desejo do sonho: "*Sans fatigue sérieuse, sans être obligé de recourir à cette lutte opinâtre et longue qui use et corrode les jouissances poursuivies*" [Sem cansaço sério, sem ser obrigado a recorrer a essa luta obstinada e longa que desgasta e corrói os prazeres perseguidos]. (N.A.)

como das psicoses, nos indica que elas se esforçam para irromper na consciência através do sistema pré-consciente e dominar a capacidade de movimento. É, portanto, a censura existente entre o *Ics.* e o *Pcs.*, cuja existência o sonho nos obriga a presumir, que devemos reconhecer e respeitar como a guardiã de nossa saúde psíquica. Mas não seria descuido da parte dessa guardiã reduzir sua atividade durante a noite, permitindo que as moções suprimidas do *Ics.* se expressem e tornando a regressão alucinatória possível de novo? Penso que não, pois quando a guardiã crítica vai descansar — e temos provas de que seu sono não é profundo —, ela toma o cuidado de fechar a porta para o movimento. Não importa quais moções do *Ics.*, que em outras circunstâncias estaria inibido, possam vagar por ali, não se faz necessário lidar com elas; permanecem inofensivas, por serem incapazes de ativar o aparelho motor, o único meio pelo qual poderiam ter uma ação modificadora no mundo exterior. O estado de sono garante a segurança da fortaleza que está sob guarda. A situação é menos inofensiva quando o que produz o deslocamento de forças não é a redução noturna da atividade da censura crítica, mas a debilitação patológica desta última ou a intensificação patológica das excitações inconscientes, enquanto o pré-consciente ainda está carregado de energia e as portas de acesso para o movimento estão abertas. A guardiã é então dominada, e as excitações inconscientes subjugam o *Pcs.* e, a partir daí, controlam nossa fala e nossas ações ou forçam a regressão alucinatória e assumem o comando de um aparelho que não era destinado a elas, em virtude da atração que as percepções exercem sobre a distribuição de nossa energia psíquica. A essa condição damos o nome de psicose.

Estamos agora no melhor caminho para prosseguir com a construção psicológica que havíamos abandonado com a introdução dos dois sistemas, *Ics.* e *Pcs.* Ainda temos, no entanto, motivos de sobra para seguir nossa análise do desejo como a única força impulsora psíquica do sonho. Aceitamos a explicação de que o motivo pelo qual o sonho é sempre a realização de um desejo é que ele é produto do *Ics.*, cuja atividade não tem outro objetivo senão a realização de desejos, e que não dispõe de outras forças além das moções de desejos. Se nos valermos por mais um momento do direito de elaborar especulações psicológicas de tamanho alcance a partir da interpretação dos sonhos, teremos o dever de demonstrar que estamos, desse modo, inserindo o sonho em uma concatenação que também pode incluir outras estruturas psíquicas. Se existe um sistema *Ics.* — ou algo suficientemente análogo a ele para o propósito de nossa discussão —, o sonho não pode ser sua única manifestação; todo sonho pode ser uma realização de desejos, mas deve haver outras formas anormais de realização de desejos para além dos sonhos. De fato, a teoria de todos os sintomas psiconeuróticos culmina na proposição de que *eles também devem ser concebidos como realizações de desejos do inconsciente.* Nossa explicação faz do sonho apenas o primeiro membro de um grupo de grande importância para o psiquiatra e cuja compreensão significa a solução do aspecto puramente psicológico do problema da psiquiatria. Mas outros membros desse grupo de realizações de desejos, por exemplo, os sintomas histéricos, evidenciam uma qualidade essencial que até agora não consegui encontrar no sonho. Assim, pelas investigações frequentemente referidas nesta obra, sei que a formação de um sintoma histérico requer a combinação de ambas as correntes de nossa vida psíquica. O sintoma não é meramente a expressão de um desejo inconsciente realizado, mas deve ser acompanhado por outro desejo do pré-consciente que é realizado pelo mesmo sintoma, de modo que o sintoma tenha ao menos dois determinantes, cada qual provindo de um dos sistemas em conflito. Assim como no sonho, não há limite para uma maior sobredeterminação. O determinante que não provém do *Ics.*, até onde sei, é invariavelmente uma cadeia de pensamento que reage contra o desejo inconsciente, por exemplo, uma autopunição. Por isso, posso dizer que, em geral, *um sintoma histérico só se desenvolve quando duas realizações de desejos opostos, cada qual originado em um sistema psíquico diferente, conseguem combinar-se em uma única expressão* (compare-se com minha mais recente formulação sobre a origem dos sintomas histéricos, em meu artigo publicado em *Zeitschrift für Sexualwissenschaft*, de Hirschfeld et al., 1908). Exemplos seriam de pouco valor aqui, pois apenas uma revelação exaustiva das complexidades existentes na questão resultaria convincente. Contento-me, portanto, com a mera afirmação, e forneço um exemplo não para convencer, mas apenas para ilustrar. O vômito histérico de uma paciente mostrou ser, por um lado, a realização de uma fantasia inconsciente vinda da época da puberdade; era o desejo de estar continuamente grávida e ter grande número de filhos, ao qual depois se somou o desejo de tê-los com o maior número possível de homens. Contra esse desejo irrefreado surgiu um poderoso impulso defensivo. Como o vômito poderia estragar as formas e a aparência da paciente, de modo que ela deixasse de ser atraente para os homens, o sintoma também estava de acordo com sua cadeia de pensamentos punitivos, e, portanto, sendo admissível por ambos os lados, pôde tornar-se realidade. Esse modo de tratar a realização de um desejo é semelhante ao que a rainha dos partas escolheu para o triúnviro Crasso. Acreditando que ele havia empreendido sua campanha por ânsia de ouro, ela fez com que derramassem ouro fundido na garganta do cadáver dele: "agora tens o que desejaste". Até agora, porém, tudo o que sabemos do sonho é que ele expressa a realização de um desejo do inconsciente; ao que parece, o sistema pré-consciente, dominante, só permite a realização do desejo depois de submetê-lo a algumas distorções. Em verdade, não temos condição de revelar, de forma ampla, uma cadeia de pensamento oposta ao desejo onírico, a qual se realiza no sonho como sua contrapartida. Apenas uma ou outra vez encontramos no sonho vestígios de criações reativas, como, por exemplo, meu afeto para com o amigo R. no sonho sobre meu tio.[44] No entanto, a contribuição do pré-consciente, que falta aqui, pode ser encontrada em outro lugar.

---

44. Este sonho foi descrito na obra *A interpretação dos sonhos*. (N.T.)

Enquanto o sistema dominante se recolhe em um desejo de dormir, o sonho pode permitir que o desejo do *Ics.* se expresse, depois de passar por todo tipo de distorção, e realizar esse desejo fazendo dentro do aparelho psíquico as alterações de energia necessárias e, por fim, pode manter tal desejo durante toda a duração do sono.[45]

Esse desejo persistente de dormir por parte do pré-consciente em geral facilita a formação do sonho. Recordemos o sonho do pai que, pelo brilho da luz que vinha do aposento ao lado, foi levado à conclusão de que o corpo do filho poderia estar pegando fogo. Mostrei que uma das forças psíquicas que fizeram com que o pai chegasse a essa conclusão no sonho, em vez de ser despertado pela claridade, foi o desejo de prolongar por um instante a vida da criança vista no sonho. É provável que outros desejos oriundos do recalque nos escapem, pois não pudemos analisar esse sonho. Mas como segunda força impulsora do sonho poderíamos citar o desejo que pai tinha de dormir, pois, assim como a vida do filho, o sonho prolongou por um instante o sono do pai. A motivação subjacente é: "deixe que o sonho continue, senão terei de acordar". Nesse sonho, como em todos os outros, o desejo de dormir dá apoio ao desejo inconsciente. Já foram relatados sonhos que aparentavam ser sonhos de conveniência. A bem da verdade, porém, todos os sonhos podem reivindicar essa designação. É muito fácil reconhecer a eficácia do desejo de continuar dormindo nos sonhos de despertar, que transformam os estímulos sensoriais externos de modo a torná-los compatíveis com a continuidade do sono; eles entremeiam tais estímulos ao sonho, a fim de privá-los de qualquer possibilidade de atuarem como avisos do mundo exterior. Mas o desejo de continuar dormindo deve desempenhar o mesmo papel na formação de todos os outros sonhos que poderiam perturbar o estado de sono apenas a partir de dentro. A sugestão do *Pcs.* à consciência, quando o sonho vai longe demais, é: "fique tranquilo e durma de novo; não passa de um sonho"; isso também descreve, de

45. Essa ideia foi tomada emprestada de *The Theory of Sleep*, de Liébault, que reviveu a pesquisa hipnótica em nossos dias (*Du Sommeil provoque*, etc. Paris, 1889). (N.A.)

maneira geral, a atitude de nossa atividade psíquica dominante em relação ao sonho, mesmo sem se expressar de forma aberta. Devo concluir que, *durante todo o nosso período de sono, sabemos estar sonhando com a mesma certeza que temos de estar dormindo.* Não devemos dar muita atenção à objeção segundo a qual a consciência nunca é direcionada à segunda dessas certezas e só é direcionada à primeira em ocasiões especiais, quando a censura parece ter sido pega de surpresa. Contra essa objeção, deve ser assinalado que há pessoas que, durante a noite, estão inteiramente cientes de que dormem e sonham, e que parecem ter, portanto, uma capacidade consciente de dirigir sua vida onírica. Um sonhador desse tipo, quando insatisfeito com o rumo tomado por um sonho, interrompe-o sem se despertar, recomeçando para continuá-lo com um rumo diferente, da mesma forma que um autor popularesco dá um final mais feliz à sua peça caso seja pressionado. Ou, em outra ocasião, caso o sonho o tenha levado a uma situação sexualmente excitante, ele pensa: "não quero continuar este sonho para não me esgotar em uma polução; vou suspendê-lo, em favor de uma situação real".

VII. A função do sonho

Uma vez que sabemos que o pré-consciente está conectado durante a noite ao desejo de dormir, podemos proceder a uma investigação inteligente do processo onírico. Mas primeiro vamos resumir o conhecimento que já temos sobre esse processo. Mostrei que a atividade de vigília deixa restos do dia anterior, dos quais a energia investida não pode ser totalmente retirada, ou que a atividade de vigília desperta um dos desejos inconscientes durante o dia, ou que ambas as condições ocorrem ao mesmo tempo; já discutimos as muitas variações possíveis. O desejo inconsciente se liga aos restos do dia, seja durante o dia ou depois de iniciado o estado de sono, e efetua uma transferência para eles. Desperta então um desejo transferido para o material recente ou o desejo recente suprimido ganha vida novamente por meio de um reforço do inconsciente. Esse desejo agora se esforça para irromper na consciência pelo caminho normal dos processos de pensamento, através do pré-consciente, ao qual de fato pertence em parte. Contudo, ele se confronta com a censura, ainda ativa, submetendo-se então a sua influência. Nesse ponto, ele adota a distorção que já teve início com sua transferência para o material recente. Até aqui, o desejo está no caminho de se transformar em uma obsessão, um delírio ou algo semelhante, isto é, em um pensamento intensificado pela transferência e com sua expressão distorcida pela censura. O estado de sono em que se encontra o pré-consciente impede, porém, que ele continue avançando; é provável que esse sistema tenha se protegido contra invasões reduzindo suas próprias excitações. O processo onírico toma, assim, o caminho da regressão, que lhe foi aberto precisamente pela natureza peculiar do estado de sono, e o faz devido à atração exercida sobre ele por grupos de lembranças, que existem em parte apenas como energia visual ainda não traduzida para os símbolos de sistemas posteriores. Em seu caminho para a regressão, o sonho ganha representabilidade. O tema da compressão será tratado mais adiante. O processo onírico encerra agora a segunda parte de um trajeto repleto de impedimentos. A primeira parte avançou progressivamente das situações ou fantasias inconscientes para o pré-consciente, enquanto a segunda retrocede da fronteira imposta pela censura de volta às percepções. No entanto, ao se tornar um conteúdo perceptivo, o processo onírico conseguiu, por assim dizer, driblar o obstáculo constituído pela censura e pelo estado de sono no *Pcs.* Ele tem êxito em chamar a atenção para si e em ser notado pela consciência. O fato é que esta, que admitiremos como um órgão dos sentidos com a função de recepção de qualidades psíquicas, durante a vigília pode receber excitações de duas fontes — primeiro, da periferia de todo o aparelho, ou seja, do sistema perceptivo, e, segundo, dos estímulos de prazer e desprazer, que constituem a única qualidade psíquica produzida na transformação da energia dentro do aparelho. Todos os outros processos dos sistemas Ψ (psi), incluindo os do pré-consciente, carecem de alguma qualidade psíquica e, portanto, não são objetos da consciência, na medida em que não fornecem prazer ou dor para a percepção. Isso nos leva à conclusão de que essas liberações de prazer e dor regulam automaticamente o curso dos processos de investimento de energia. Mais tarde, porém, ficou claro que seria necessário tornar o curso das representações mais independente de manifestações de desprazer, para possibilitar operações de ajuste mais delicado. Para isso, o sistema *Pcs.* precisava de algumas qualidades próprias que pudessem atrair a consciência, e muito provavelmente as recebeu através da conexão dos processos pré-conscientes com o sistema de memória dos sinais da fala, o qual não é desprovido de qualidades. Por meio das qualidades desse sistema, a consciência, que até então era um órgão sensorial apenas para as percepções, tornou-se também um órgão sensorial para uma parte de nossos processos de pensamento. Assim, temos agora, por assim dizer, duas superfícies sensoriais, uma voltada para as percepções e outra para processos de pensamento pré-conscientes.

Devemos presumir que o estado do sono torna muito menos excitável a superfície sensorial da consciência dedicada ao *Pcs.* do que aquela voltada aos sistemas *Pcpt.* Ainda, que o abandono do interesse pelos processos de pensamento à noite tem um propósito. Nada deve perturbar a mente, pois o *Pcs.* exige dormir. Uma vez, porém, que o sonho se torna uma percepção, ele é capaz de excitar a consciência por meio das qualidades recém-adquiridas. A excitação sensorial cumpre aquela que constitui sua função primordial e direciona uma parte da energia disponível no *Pcs.* para a atenção a ser dada ao agente causador da excitação. Precisamos também admitir, portanto, que o sonho sempre nos desperta, isto é, coloca em atividade uma parte da força adormecida do *Pcs.* Sob essa força, o sonho é submetido à influência que denominamos elaboração secundária, que visa à coerência e à inteligibilidade. Isso significa que o sonho é tratado por ela como qualquer outro conteúdo perceptivo; está sujeito às mesmas expectativas, ao menos até onde seu material o permitir. Quanto à direção tomada nessa terceira parte do processo onírico, outra vez temos um movimento progressivo.

Para evitar mal-entendidos, é oportuno dizer algumas palavras sobre as qualidades temporais desses processos oníricos. Em uma cadeia de pensamento muito interessante, sem dúvida sugerida pelo intrigante sonho de Alfred Maury com a guilhotina,[46] Edmond Goblot tenta demonstrar que o sonho não ocupa outro período a

---

46. Maury estava acamado, adoecido. Sua mãe permanecia ao seu lado. No sonho, ele se encontra na Revolução Francesa. Vê cenas horríveis de assassinato e é levado a um tribunal. Nesse tribunal, ele vê Robespierre, Marat, Fouquier-Tinville, heróis daqueles dias de terror, e precisa dar um testemunho de todas as ocorrências que presenciou, mas estas não haviam se fixado em sua memória. Então, ele é condenado à morte. Acompanhado de uma multidão imensa, é transportado para ser executado. Ele sobe ao cadafalso. O carrasco o amarra. A lâmina da guilhotina despenca. Ele sente a cabeça separada do tronco. Ao despertar desesperadamente ansioso, percebe que a cabeceira da cama em que estava dormindo havia despencado sobre sua vértebra cervical, exatamente no lugar em que a lâmina da guilhotina o teria cortado. Esse sonho é descrito por Freud em *A interpretação dos sonhos.* (N.E.)

não ser aquele de transição entre o sono e o despertar. O despertar leva algum tempo, e é durante esse período que o sonho acontece. Acreditamos que a imagem final do sonho tenha sido tão forte que nos impeliu a despertar; na verdade, ela só foi forte assim porque já estávamos muito perto de acordar. "*Un rêve c'est un réveil qui commence*" [um sonho é um despertar que começa].

Já foi observado por Ludovic Dugas que Goblot precisou desprezar muitos fatos para conseguir generalizar sua tese. Existem também sonhos dos quais não despertamos, por exemplo, aqueles em que sonhamos estar sonhando. Com o conhecimento que temos sobre o trabalho do sonho, não podemos de modo algum admitir que ele compreenda apenas o período de despertar. Pelo contrário, devemos considerar provável que a primeira parte do trabalho do sonho comece já durante o dia, quando ainda estamos sob o controle do pré-consciente. A segunda parte, isto é, a modificação por meio da censura, a atração pelas cenas inconscientes e a penetração na percepção, deve prosseguir ao longo da noite, e, nesse sentido, talvez estejamos sempre certos ao dizer que sentimos como se houvéssemos sonhado a noite toda, embora não possamos dizer com o quê. Creio, no entanto, ser desnecessário supor que os processos oníricos de fato sigam, até se tornarem conscientes, a sequência temporal aqui descrita, a saber, que primeiro surge o desejo onírico transferido, depois ocorre a distorção pela censura, seguida pela mudança de direção para a regressão, e assim por diante. Foi necessário estabelecer tal sequência para propósitos de *descrição*, mas, na realidade, deve ser muito mais uma questão de testar este e aquele caminho ao mesmo tempo, uma oscilação de um lado a outro da excitação, até que, por fim, chega-se à distribuição mais oportuna e um dado agrupamento se torna permanente. Por conta de certas experiências pessoais, sou levado a crer que o trabalho do sonho muitas vezes requer mais do que um dia e uma noite para produzir seu resultado; em sendo verdade, a extraordinária arte manifestada na construção do sonho deixa de ser tão assombrosa assim. Em minha opinião, até a exigência de que o sonho se torne inteligível como evento perceptivo pode operar antes que o sonho atraia para si a consciência. A partir daí, porém, o processo se acelera, pois o sonho passa a receber o mesmo tratamento que qualquer outra percepção. É como os fogos de artifício, que exigem horas de preparação e ardem durante um instante apenas.

Por meio do trabalho do sonho, o processo onírico agora ganha intensidade suficiente para atrair a consciência e despertar o pré-consciente, que é independente da duração e da profundidade do sono; de outro modo, sendo sua intensidade insuficiente para tanto, ele deve permanecer a postos até receber, pouco antes do despertar, a atenção que então se torna mais móvel. A maioria dos sonhos parece operar com intensidades psíquicas relativamente baixas, pois eles esperam o despertar. Isso também explicaria por que, quando somos despertados de repente de um sono profundo, em geral percebemos alguma coisa sonhada. Nesses casos, assim como no despertar espontâneo, o que vemos primeiro é o conteúdo perceptivo criado pelo trabalho do sonho e, logo depois, o conteúdo perceptivo que nos chega de fora.

Mas o maior interesse teórico reside nos sonhos que conseguem nos acordar no meio do sono. Levando em conta a conveniência que é regra geral em qualquer outra circunstância, podemos nos perguntar por que o sonho, isto é, o desejo inconsciente, se reveste do poder de perturbar o sono, que é a realização do desejo pré-consciente. A resposta deve estar em certas relações de energia que ainda não conhecemos. Se possuíssemos tal conhecimento, talvez descobríssemos que deixar livre o sonho e investir nele uma certa quantidade de atenção descompromissada representam uma economia de energia, dado que o inconsciente tem de ser mantido sob controle tanto de noite quanto de dia. A experiência mostra que o sonho, mesmo interrompendo o sono várias vezes em uma noite, permanece compatível com o dormir. Acordamos por um instante e logo adormecemos de novo. É como espantar uma mosca enquanto dormimos, acordamos *ad hoc*[47] e, quando retomamos o sono, já removemos a perturbação. Como demonstram os exemplos familiares do sono em nutrizes e assemelhadas, a realização do desejo de dormir é perfeitamente compatível com a manutenção de um certo nível de atenção voltado para uma direção específica.

Existe aqui, porém, uma objeção a ser considerada, que se baseia em um melhor conhecimento dos processos inconscientes. Eu mesmo afirmei que os desejos inconscientes estão sempre ativos. Contudo, eles não são fortes o bastante para se fazerem notar durante o dia. Mas se o estado de sono existe, e o desejo inconsciente demonstrou força suficiente para formar um sonho, e com ele despertar o pré-consciente, por que então essa força se esgotaria depois que se tomou conhecimento do sonho? Não deveria o sonho renovar-se continuamente, assim como a mosca incômoda que é afastada, mas tem prazer em voltar de novo e de novo? Que direito temos de afirmar que o sonho remove a perturbação do sono?

É bem verdade que os desejos inconscientes permanecem sempre ativos. Eles representam caminhos sempre transitáveis toda vez que uma quantidade de excitação faz uso deles. Com efeito, uma característica notável dos processos inconscientes é o fato de permanecerem indestrutíveis. No inconsciente, nada pode ser encerrado, nada pode passar ou ser esquecido. A mais forte impressão quanto a isso é obtida com o estudo das neuroses, em especial da histeria. A via inconsciente de pensamentos, que durante um ataque leva a uma descarga, pode voltar a ser percorrida assim que se acumula excitação suficiente. Um insulto ocorrido trinta anos atrás, depois de obter acesso às fontes de afeto inconscientes, produz seus efeitos até hoje. Sempre que sua lembrança é tocada, ele é revivido e se mostra abastecido pela excitação, que provoca uma descarga motora. É justamente aqui que a psicoterapia deve intervir. Sua tarefa consiste em permitir que os processos inconscientes sejam abordados e

---

47. Com essa finalidade. (N.T.)

esquecidos. De fato, o esmaecimento das lembranças e a debilitação dos afetos de impressões que já não são recentes, que costumamos ver como óbvios e considerar como um efeito primário do tempo sobre os resquícios da memória psíquica, são, na realidade, modificações secundárias, que se dão por meio de um trabalho árduo. É o pré-consciente que realiza esse trabalho, e a psicoterapia não tem outro caminho a seguir senão submeter o *Ics.* à dominação do *Pcs.*

Para cada processo de excitação inconsciente existem, portanto, dois resultados possíveis. Ou ele é deixado por sua própria conta, caso em que acaba irrompendo por algum lugar e, nessa ocasião, cria uma descarga para sua excitação por meio do movimento; ou sucumbe à influência do pré-consciente e sua excitação fica confinada por ele, em vez de ser descarregada. É esse último mecanismo que ocorre no processo do sonho. Por ter sido direcionada pela excitação consciente, a energia do *Pcs.*, que encontra o sonho já transformado em percepção, restringe a excitação inconsciente do sonho e o torna inofensivo como fator de perturbação. Quando o sonhador acorda por um instante, ele de fato afugentou a mosca que ameaçou perturbar seu sono. Podemos agora entender que é realmente mais conveniente e econômico permitir que o desejo inconsciente siga seu curso, abrir-lhe o caminho para a regressão, de modo que ele possa formar um sonho — e então, com um pequeno gasto de trabalho pré-consciente, restringir esse sonho e desembaraçar-se dele —, do que manter o inconsciente sob controle durante todo o período de sono. Deveríamos, de fato, esperar que o sonho, mesmo não sendo originalmente um processo com uma finalidade em vista, tenha adquirido alguma função no jogo de forças da vida psíquica. Podemos agora ver qual é essa função. O sonho se encarregou de trazer a excitação liberada pelo *Ics.* de volta ao domínio do pré-consciente; ao fazê-lo, ele traz alívio para a excitação do *Ics.*, servindo-lhe como válvula de escape e, ao mesmo tempo, assegura o sono do pré-consciente, em troca de um pequeno gasto de atividade de vigília. Desse modo, assim como as outras formações psíquicas da série à qual pertence, o sonho constitui um compromisso e serve simultaneamente aos dois sistemas, realizando ambos os desejos desde que sejam compatíveis entre si. Uma olhada na "teoria da excreção", apresentada por Robert Fliess, nos mostrará que devemos concordar com esse autor em seu ponto principal, no que se refere à determinação da função do sonho, apesar das divergências entre nossas hipóteses e em nosso tratamento do processo onírico.

A ressalva acima — desde que os dois desejos sejam compatíveis entre si — contém a sugestão de possíveis casos em que a função do sonho fracassa. O processo onírico é permitido, a princípio, como uma realização de desejo do inconsciente, mas se essa tentativa de realização de desejos perturba o pré-consciente a ponto de este não poder mais continuar dormindo, o sonho então rompe o compromisso e fracassa no cumprimento da segunda parte de sua tarefa. Ele é interrompido de imediato e substituído por um estado de vigília total. Mas também nisso não é de fato culpa do sonho que aqui ele atue como um perturbador do sonho em vez de como seu guardião, e isso não nos deve deixar em dúvida quanto à sua utilidade. Esse não é o único caso, no organismo, de um dispositivo adequado que perde sua eficácia e se torna um agente perturbador assim que ocorre alguma alteração nas condições de sua produção; dessa forma, a perturbação serve pelo menos ao novo propósito de indicar a alteração e acionar contra ela os meios de regulação do organismo. Nesse aspecto, tenho em mente, claro, o caso do sonho de ansiedade e, para não parecer que rejeito esse testemunho contrário à teoria da realização de desejos sempre que o encontro, tentarei uma explicação desse tipo de sonho, apresentando ao menos alguns indicativos.

O fato de que um processo psíquico gerador de angústia possa ser uma realização de desejo deixou há muito de nos parecer contraditório. Essa situação se explica pelo motivo de que o desejo pertence a um sistema, o *Ics.*, enquanto o outro sistema, o *Pcs.*, rejeita-o e o suprime. Sequer em casos de perfeita saúde psíquica a sujeição do *Ics.* pelo *Pcs.* é completa; o grau dessa supressão mostra o grau de nossa normalidade psíquica. Os sintomas neuróticos nos evidenciam que há um conflito entre os dois sistemas; eles são o resultado de compromisso desse conflito, ao qual colocam um fim temporário. Por um lado, eles dão ao *Ics.* uma saída para a descarga de sua excitação, servindo como válvula de escape, e, por outro lado, dão ao *Pcs.* uma certa capacidade de controlar o *Ics.* É instrutivo considerar, por exemplo, o significado de qualquer fobia histérica ou de uma agorafobia. Suponhamos que um neurótico seja incapaz de atravessar a rua sozinho, e com muita razão chamamos isso de "sintoma". Agora vamos suprimir esse sintoma, incitando o paciente à ação da qual ele se julga incapaz, e isso resultará em um ataque de angústia; um ataque de angústia na rua muitas vezes se torna a causa do estabelecimento de uma agorafobia. Vemos, assim, que o sintoma foi constituído para evitar que aflorasse a angústia; a fobia se ergue diante da angústia como uma fortaleza de fronteira.

A menos que abordemos o papel desempenhado pelos afetos nesses processos, o que só é possível aqui de forma imperfeita, não poderemos prosseguir em nossa discussão. Apresenta-se, pois, a sugestão de que a supressão do *Ics.* se faz necessária sobretudo porque, se deixarmos o processo de representação correr por conta própria, ele gerará no *Ics.* um afeto de início prazeroso, mas que se torna desprazeroso ao passar pelo processo de recalque. O objetivo da supressão, como também seu resultado, é impedir o desenvolvimento desse desprazer. A supressão se estende ao conteúdo de representações do *Ics.*, pois a liberação do desprazer pode ocorrer a partir desse conteúdo. Eis aqui a base para um pressuposto bem definido sobre a natureza da geração do afeto. Ela é vista como uma atividade motora ou secretória,[48] e a chave para sua inervação situa-se nas representações da *Ics.* Em virtude da dominação do *Pcs.*, tais representações são, por assim dizer, sufocadas e impedidas de emitir impulsos que poderiam gerar afeto. Quando cessa o investimento de energia por

48. "*Sekretorische*" no original em alemão. (N.T.)

parte do *Pcs.*, há o perigo de que as excitações inconscientes liberem esse afeto que, como consequência do recalque já ocorrido, só pode ser sentido como desprazer ou angústia.

Esse perigo se desencadeia quando o processo onírico tem permissão para seguir seu curso. As condicionantes para que ele se concretize são de que tenham ocorrido recalques e que as moções de desejo suprimidos possam adquirir força suficiente. Desse modo, tais condicionantes estão inteiramente fora da estrutura psicológica da formação dos sonhos. Não fosse a conexão de nosso tema com a questão da geração de angústia por meio de um único aspecto, a saber, a liberação do *Ics.* durante o sono, eu poderia dispensar a discussão sobre o sonho de angústia e, desse modo, evitar aqui todos os pontos obscuros relacionados a ele.

Como já dito inúmeras vezes, a teoria dos sonhos de angústia pertence à psicologia das neuroses. A angústia no sonho, insisto, é um problema de angústia, não um problema do sonho. Ela não mais nos interessa, uma vez revelado seu ponto de contato com o tema do processo onírico. Existe só mais uma coisa a se fazer ao meu alcance. Posto que afirmei que a angústia neurótica se origina de fontes sexuais, posso submeter sonhos de angústia à análise, a fim de revelar o material sexual presente em seus pensamentos oníricos.

Por bons motivos abstenho-me de relatar nessa discussão qualquer um dos abundantes exemplos que os pacientes neuróticos me oferecem, preferindo citar alguns sonhos de angústia de jovens.

Pessoalmente, há décadas não tenho nenhum sonho de angústia verdadeiro, mas lembro-me de um, de quando tinha 7 ou 8 anos, e que submeti à interpretação uns trinta anos depois. Foi um sonho muito vívido:

> Vi minha mãe querida, com um semblante de peculiar serenidade, adormecida, sendo levada para o quarto e deitada na cama por duas (ou três) pessoas com bicos de aves.

Acordei chorando e gritando, e perturbei o sono de meus pais. Eu havia tirado os vultos anormalmente altos, com estranhas vestes e bicos de ave, das ilustrações da bíblia de Ludwig Philippson; creio que correspondiam a deuses com cabeça de falcão de um relevo de uma tumba egípcia. A análise também me trouxe a lembrança do filho mal-educado de um zelador, com quem durante a infância costumávamos brincar no gramado diante de casa; menciono que se chamava Philipp. Parece-me que foi desse menino que ouvi pela primeira vez a palavra vulgar que designa a relação sexual, e que é substituída entre pessoas cultas pelo termo em latim "*coitus*", mas que no sonho é referida de forma muito clara pela escolha das cabeças de ave.[49] Devo ter suspeitado do significado sexual da palavra por causa da expressão facial de meu experiente professor. O semblante de minha mãe no sonho foi copiado da face de meu avô, que eu vira em estado de coma, roncando, alguns dias antes de sua morte. A interpretação da elaboração secundária feita no sonho deve ter sido, portanto, que minha mãe estava morrendo; o relevo da tumba reitera a interpretação. Despertei com essa angústia e não me acalmei até ter acordado meus pais. Lembro-me de ter me acalmado de repente ao ver minha mãe, como se precisasse da certeza de que ela não estava morta. Entretanto, essa interpretação secundária do sonho havia ocorrido já sob a influência da angústia desenvolvida. Eu não fiquei angustiado por ter sonhado que minha mãe estava morrendo, mas por ter interpretado o sonho dessa maneira na elaboração pré-consciente, já estando sob a influência da angústia. A origem dessa angústia, no entanto, poderia ser rastreada por meio do recalque a um obscuro desejo obviamente sexual, que encontrou uma expressão satisfatória no conteúdo visual do sonho.

Um homem de 27 anos, que durante um ano havia padecido de uma grave doença, teve repetidas vezes, dos 11 aos 13 anos de idade, um sonho angustiante em que um homem o perseguia com uma enxada;

---

49. Em alemão, o substantivo "*Vögeln*" significa "pássaros", enquanto o verbo "*vögeln*" é um termo vulgar que significa "fazer sexo". (N.T.)

ele queria correr, mas sentia-se paralisado e não conseguia sair do lugar. Esse é um bom exemplo de um tipo de sonho de angústia muito comum, na aparência indiferente em termos sexuais. No decorrer da análise, o sonhador trouxe primeiro uma história, contada por seu tio num momento posterior ao sonho, a saber, que ele havia sido atacado de noite, na rua, por um indivíduo de aspecto suspeito. A partir dessa associação, o sonhador concluiu que, à época do sonho, ele poderia já ter ouvido algum relato semelhante. Em relação à enxada, ele recordou que, naquela mesma época, uma vez havia ferido a mão enquanto usava essa ferramenta para cortar madeira. Ele então passou de imediato a suas relações com o irmão mais novo, a quem costumava maltratar e fazer cair, recordando uma ocasião em especial na qual bateu com sua bota na cabeça do irmão até que ele sangrasse; e sua mãe então lhe disse:

— Tenho medo que algum dia ele o mate.

Enquanto parecia estar remoendo a questão do ato violento, de repente lhe ocorreu uma lembrança de quando tinha 9 anos. Seus pais haviam chegado tarde em casa e foram para a cama enquanto ele fingia dormir; ele então ouviu sons ofegantes e outros ruídos que lhe pareciam estranhos e pôde também entrever a posição dos pais na cama. Associações posteriores revelaram que ele havia estabelecido uma analogia entre essa relação dos pais e sua própria relação com o irmão mais novo. Ele subsumiu o que ocorria entre seus pais sob o conceito de "violência e luta", e assim chegou a uma concepção sádica do ato da cópula, como acontece com frequência entre as crianças. Sua concepção era corroborada pelo fato de muitas vezes perceber sangue na cama da mãe.

Em minha opinião, o fato de a relação sexual entre adultos parecer estranha às crianças que a observam, despertando-lhes angústia, resulta da experiência diária. Minha explicação para tal angústia é que se trata de uma excitação sexual com a qual a compreensão infantil não consegue lidar e que, ademais, lhe gera repulsa por envolver seus pais; assim, ela se converte em angústia.

Em um período ainda anterior da vida, a excitação sexual dirigida ao genitor do sexo oposto ao da criança não se defronta com o recalque e está livre para expressar-se.

Sem hesitar, eu daria a mesma explicação para os episódios de terror noturno acompanhados por alucinações (*pavor nocturnus*), que são tão comuns nas crianças. Também nesse caso estamos certamente lidando com impulsos sexuais não compreendidos e repudiados. Se fossem registrados, seria eventualmente possível estabelecer uma periodicidade temporal, pois um aumento da libido sexual pode ser produzido tanto por impressões excitantes acidentais quanto por processos espontâneos de desenvolvimento, que sobrevêm em ondas.

Careço de material suficiente, obtido em observações, para sustentar tal tese. Aos pediatras, por outro lado, parece faltar essa perspectiva, a única que permite compreender toda a série de fenômenos, tanto no aspecto somático quanto no psíquico. Como um exemplo cômico do quão próximo pode-se chegar da compreensão desses casos sem vê-la, impedido pelos antolhos da mitologia médica, relato um caso que encontrei na tese de *Félix Debacker* (1881) sobre o *pavor nocturnus*. Um rapazinho de 13 anos, de saúde delicada, começou a mostrar-se angustiado e distraído, seu sono tornou-se inquieto e era interrompido quase toda semana por graves ataques de ansiedade, com alucinações. A lembrança desses sonhos era sempre muito nítida:

> Ele relatou que o diabo lhe gritava: "agora pegamos você, agora pegamos você". A isso seguia-se um odor de enxofre, e o fogo ardia em sua pele.

Esse sonho o despertava. Ficava aterrorizado, mas não conseguia gritar; ao recuperar a voz, podia ser ouvido dizendo nitidamente: "não, não, eu não, eu não fiz nada", ou "por favor, não! Não vou fazer isso nunca mais". Várias vezes ele também disse: "Albert nunca fez isso". Depois passou a evitar despir-se, porque, explicou, o fogo só o queimava quando estava despido. Em meio a esses sonhos demoníacos, que punham em risco sua saúde, foi enviado ao campo, onde se recuperou depois de um ano e meio, mas, aos 15 anos, confessou: "*Je n'osais pas l'avouer, mais j'éprouvais continuellement des picotements et des surexcitations aux parties; à la fin, cela m'énervait tant que plusieurs fois, j'ai pensé me jeter par la fenêtre au dortoir*" [não me atrevi a dizê-lo, mas experimentei continuamente formigamento e excitação excessiva nas "partes"; no final, isso me irritava tanto que, por várias vezes, pensei em me jogar da janela do dormitório].

Certamente não é difícil suspeitar: (1) que o garoto praticara masturbação quando mais novo, que provavelmente a negou, e foi ameaçado de punição severa por seu mau hábito (sua confissão: "*je ne le ferai plus*" ["não vou fazer isso nunca mais"]; sua negação: "*Albert n'a jamais fait ça*" ["Albert nunca fez isso"]); (2) que, com a chegada da puberdade, a tentação de masturbar-se retornara, com as cócegas em seus órgãos genitais, mas (3) agora despertava nele uma luta pelo recalque, a qual suprimira sua *libido* e a transformara em angústia, que então tomou o lugar dos castigos com os quais no passado fora ameaçado.

Por outro lado, vejamos as conclusões tiradas pelo autor.

> Essa observação mostra que:
>
> (1) A influência da puberdade pode levar um garoto de saúde delicada a uma condição de fraqueza extrema e resultar em uma *considerável anemia cerebral*;
>
> (2) Essa anemia cerebral produz alterações de caráter, alucinações demonomaníacas e uma violenta angústia noturna, e talvez também diurna;
>
> (3) A demonomania e as autorrecriminações do rapazinho podem ser atribuídas às influências da educação religiosa a que foi submetido quando criança;
>
> (4) Todas as manifestações desapareceram como resultado de uma longa estada no campo, exercícios físicos e do retorno da

força após o período de puberdade; e

(5) Talvez se possa atribuir à hereditariedade e ao estado sifilítico crônico do pai do rapaz uma certa influência predisponente quanto à origem do estado cerebral do rapazinho.

As considerações finais do autor diziam: "*Nous avons fait entrer cette observation dans le cadre des délires apyrétiques d'inanition, car c'est à l'ischémie cérébrale que nous rattachons cet état particulier*" [Incluímos esta observação no contexto dos delírios apiréticos de fome porque é à isquemia cerebral que atribuímos esse estado particular].

VIII. Os processos primário e secundário — a regressão

Na tentativa de penetrar mais fundo na psicologia dos processos oníricos, lancei-me a uma tarefa difícil, à qual, de fato, minha capacidade de exposição dificilmente se iguala. Reproduzir, em uma descrição, por meio de uma sucessão de palavras, a simultaneidade de uma cadeia tão complexa de eventos e, ao fazê-lo, parecer imparcial ao longo da exposição vai muito além das minhas capacidades. Devo agora pagar o preço de não ter conseguido, na descrição da psicologia dos sonhos, acompanhar o desenvolvimento histórico de minhas concepções. Desenvolvi uma abordagem para a concepção do sonho com base nos estudos anteriores que realizei sobre a psicologia das neuroses, aos quais não quero me referir aqui; sou, contudo, forçado a fazê-lo de novo e de novo, embora preferisse o caminho inverso e, a partir do sonho, estabelecer a conexão com a psicologia das neuroses. Estou a par dos inconvenientes que isso traz para o leitor, mas não sei como evitá-los.

Sentindo-me insatisfeito com esse estado de coisas, quero me deter em outro aspecto que parece valorizar meus esforços. Como ficou demonstrado na introdução do primeiro capítulo, vi-me confrontado com um tema marcado pelas mais agudas contradições por parte dos especialistas. Após a elaboração dos problemas dos sonhos, consegui acomodar a maioria dessas contradições. Encontrei-me na contingência de, porém, abrir exceção a duas dessas opiniões e refutá-las categoricamente, a saber, que o sonho é um processo que carece de sentido e que é um processo somático. Para além desses casos, pudemos justificar todas as demais visões contraditórias em algum lugar dessa complexa tese e demonstrar que expunham algo que estava correto. O fato de que o sonho dá continuidade a estímulos e interesses da vida de vigília foi confirmado pela descoberta dos pensamentos oníricos latentes. Estes abordam apenas aquilo que nos parece importante e de grande interesse. O sonho nunca se ocupa de ninharias. Contudo, admitimos também a visão oposta, a saber, que o sonho reúne restos indiferentes do dia e que só pode apossar-se de um grande interesse diurno se este foi, ao menos em parte, subtraído da atividade de vigília. Descobrimos que isso é válido para o conteúdo do sonho, que expressa o pensamento onírico de forma alterada por meio da distorção. Ainda, vimos que, por razões ligadas ao mecanismo de associação, o processo onírico apossa-se mais facilmente do material de representações recente ou indiferente, do qual a atividade de pensamento de vigília ainda não se ocupou, e que, por conta da censura, ele transfere a intensidade psíquica do que é importante, mas desagradável, para o que é indiferente. A hipermnésia[50] do sonho e o fato de ele ter acesso ao material infantil tornaram-se os pilares de sustentação teórica. Nesta teoria do sonho, atribuímos ao desejo oriundo do infantil o papel de motor indispensável para a formação do sonho. Por certo, não nos ocorreu duvidar da importância, provada em experimentos, dos estímulos sensoriais externos durante o sono; mas foi estabelecido que esse material tem com o desejo onírico a mesma relação que os restos de pensamento da atividade diurna. Parece-me desnecessário contestar a tese de que o sonho interpreta os estímulos sensoriais objetivos tal como fazem as ilusões; mas temos o motivo dessa interpretação, ponto que outros autores deixaram em aberto. A interpretação é feita de tal modo que o objeto percebido se torna incapaz de perturbar o sono e pode ser usado para a realização do desejo. Quanto ao estado subjetivo de excitação dos órgãos sensoriais durante o sono, que parece ter sido demonstrado por Trumbull Ladd, não deve ser aceito como uma fonte de sonhos em particular; contudo, é possível explicar tal excitação como resultado por meio do ressurgimento regressivo de memórias que operam por trás do

50. Excitação anormal da memória, capacidade exacerbada de se lembrar de coisas e eventos. (N.T.)

sonho. Às sensações orgânicas internas, com frequência tomadas como ponto fulcral na explicação do sonho, foi também reservado um papel, embora modesto, nesta concepção. Essas sensações — de cair, de flutuar, de estar inibido — constituem um material sempre à disposição do trabalho do sonho, usado para expressar pensamentos oníricos quando for necessário.

Parece uma verdade que o processo onírico seja rápido e instantâneo no que se refere à percepção, pela consciência, do conteúdo onírico pré-formado; quanto às partes precedentes do processo onírico, é provável que sigam lentamente em um trajeto flutuante. Contribuímos para a solução do enigma de sonhos de conteúdo muito rico, mas comprimidos num período brevíssimo, sugerindo que, em tais casos, ocorre uma apropriação de produtos da vida psíquica quase inteiramente formados. Consideramos correto afirmar que o sonho é desfigurado e mutilado pela memória, mas que esse fato não é um obstáculo, pois constitui apenas a parte final e manifesta do trabalho de distorção que acontece desde o início da formação do sonho. Na acirrada e aparentemente irreconciliável controvérsia sobre se a vida psíquica dorme à noite ou se é capaz de fazer uso de suas capacidades da forma como faz de dia, acabamos concordando com os dois lados, embora não totalmente com nenhum. Encontramos nos pensamentos oníricos provas de uma atividade intelectual muito complexa, que trabalha com quase todos os recursos do aparelho psíquico; ainda assim, é inegável que esses pensamentos oníricos surgiram durante o dia, sendo indispensável admitir que existe um estado de sono na vida psíquica. Portanto, até mesmo a teoria do sono parcial se sustenta; descobrimos, porém, que não é a desintegração das conexões psíquicas que caracteriza o estado de sono, mas o fato de que o sistema psíquico que domina durante o dia se amolda ao desejo de dormir. O distanciamento do mundo exterior aqui também manteve sua importância; ele ajuda a tornar possível a regressão da representação do sonho, ainda que não seja o único fator a fazê-lo. É incontestável que devemos rejeitar o direcionamento voluntário do processo das representações, mas isso não significa que a vida psíquica careça de objetivos, pois vimos que, depois do abandono das orientações voluntárias, as involuntárias assumem o controle. Ao reconhecermos o caráter frouxo das conexões associativas no sonho, não só o fizemos como mostramos que seu domínio se estende muito além do que se suspeitava; descobrimos, porém, que elas são apenas substitutas obrigatórias de outras conexões, que são corretas e plenas de significado. Por certo também qualificamos os sonhos como absurdos, mas aprendemos com os exemplos o quão sábio um sonho pode ser, mesmo que aparentemente absurdo. Não negamos nenhuma das funções que foram atribuídas ao sonho. A sugestão de que o sonho alivia a mente como uma válvula de escape, e que, de acordo com a afirmação de Robert, todo tipo de material nocivo é tornado inofensivo por meio da representação no sonho, não só coincide exatamente com a teoria da dupla realização de desejos no sonho que utilizamos como se torna mais compreensível para nós, sendo enunciada dessa forma, do que para o próprio Robert. A concepção de que o psíquico tem plena liberdade para agir nos sonhos volta a aparecer em minha teoria sob a forma da não interferência da atividade pré-consciente sobre o sonho. O "retorno da vida psíquica, em sonho, a uma perspectiva embrionária" e a observação de Havelock Ellis, "um mundo arcaico de vastas emoções e pensamentos imperfeitos", parecem felizes antecipações de minhas próprias conclusões, segundo as quais modos de trabalho *primitivos*, suprimidos durante o dia, participam na formação do sonho; tanto para nós quanto para Yves Delage, é o material *suprimido* que se torna a força propulsora do sonho.

Reconheço plenamente o papel que Karl Albert Scherner atribui à fantasia onírica, bem como a interpretação desse autor, mas pareceu-me necessário dar-lhe um novo posicionamento dentro do problema, por assim dizer. Não é que o sonho produza fantasia, mas sim que a atividade inconsciente da fantasia tem uma grande participação na formação dos pensamentos oníricos. Temos uma dívida para com Scherner pela indicação da fonte dos pensamentos oníricos, mas quase tudo o que ele atribui ao trabalho do sonho deve ser imputado à atividade diurna do inconsciente, que instiga não apenas os sonhos, mas também os sintomas neuróticos. Tivemos a necessidade de separar o trabalho do sonho dessa atividade, como sendo algo totalmente diferente e de abrangência muito mais restrita. Por fim, não abandonamos de modo algum a relação existente entre o sonho e as perturbações psíquicas, mas, pelo contrário, estabelecemo-la com maior firmeza sobre novas bases.

Assim, fomos capazes de inserir nessa estrutura criada, como em uma unidade superior cuja coesão é mantida pelos materiais inéditos da teoria do sonho, as mais variadas e contraditórias descobertas de outros autores; algumas delas receberam uma nova interpretação e umas poucas foram rejeitadas por completo. Mas tampouco o que foi construído até aqui está terminado. Além das muitas ambiguidades que necessariamente encontramos ao penetrar as áreas obscuras da psicologia, uma nova contradição aparece para nos atormentar. Por um lado, propus que os pensamentos oníricos surgem a partir de uma atividade mental perfeitamente normal, enquanto, por outro, encontramos entre os pensamentos oníricos diversos processos de pensamento bastante anormais, que se estendem ao conteúdo do sonho e que então repetimos durante a interpretação do sonho. Tudo o que denominamos de "trabalho do sonho" parece muito distante dos processos de pensamento que reconhecemos como normais, a tal ponto que parecem justas as mais severas críticas de autores anteriores quanto ao nível ínfimo de atividade psíquica no sonho.

Quanto a isso, talvez apenas possamos obter esclarecimentos e auxílio por meio de novos avanços. Escolherei uma das conjunturas que levam à formação dos sonhos.

Aprendemos que o sonho substitui uma série de pensamentos que provêm da vida diurna e que são organizados de maneira perfeitamente lógica. Não podemos duvidar, portanto, de que esses pensamentos se originam de nossa vida mental normal. Todas as qualidades que valorizamos em nossas cadeias de pensamento, e que as caracterizam como atividades complexas e de ordem superior, estão presentes também nos pensamentos oníricos. Não há, contudo, necessidade de supor que esse trabalho de pensamento tenha sido realizado durante o sono, pois isso confundiria seriamente a concepção do estado psíquico do sono que admitimos até aqui. É perfeitamente possível que tais pensamentos tenham se originado durante o dia e, passando despercebidos a nossa consciência desde o início, tenham se desenvolvido até estarem completos no início do sono. Qualquer conclusão que tiremos, nesse estado de coisas, provará no máximo *que as realizações do pensamento mais complexas são possíveis sem a intervenção da consciência*; um fato, de qualquer modo, que já foi aprendido graças a toda análise psicanalítica de pacientes sofrendo de histeria ou de ideias obsessivas. Esses pensamentos oníricos certamente não são, em si mesmos, inacessíveis à consciência; várias podem ter sido as razões para que não tenham se tornado conscientes durante o dia. O tornar-se consciente depende da aplicação de uma certa função psíquica, a atenção, que parece ser dispensada em quantidade limitada apenas e que pode ter sido desviada da cadeia de pensamento em questão em favor de outras finalidades. Uma outra maneira pela qual tais cadeias de pensamento são mantidas longe da consciência é a seguinte: por nossas reflexões conscientes sabemos que, aplicando a algo nossa atenção, estamos seguindo um determinado caminho. Se este nos leva a uma representação que não se sustenta ante uma crítica, deixamos de dedicar-lhe nossa atenção e o interrompemos. Ao que parece, a cadeia de pensamento assim iniciada e abandonada pode prosseguir sem que volte a receber atenção, a menos que atinja um ponto de tamanha intensidade que exija a atenção. Dessa forma, a rejeição inicial de uma cadeia de pensamento, causada pelo julgamento, talvez consciente, de que seria equivocada ou inútil para seu propósito intelectual, poderia explicar por que ela prossegue até o início do sono sem ser notada pela consciência.

Vamos recapitular, lembrando que chamamos uma cadeia de pensamento desse tipo de pré-consciente, que a consideramos perfeitamente correta e que acreditamos que ela pode apenas ter sido desprezada ou talvez interrompida e suprimida. Apresentarei, ainda, uma explanação clara de como concebemos o processo de uma cadeia de representações. Admitimos que uma certa quantidade de excitação, que chamamos de energia de investimento, é deslocada de uma representação-meta ao longo das vias associativas selecionadas por essa representação-meta. Uma cadeia de pensamento "desprezada" não recebeu esse investimento de energia, enquanto de uma cadeia de pensamento "suprimida" ou "repudiada" ele foi retirado; assim, nos dois casos elas ficam entregues a suas próprias excitações. Sob certas condições, a cadeia de pensamentos orientada para uma meta torna-se capaz de atrair a atenção da consciência e, com o reforço desta, recebe então um "excedente de energia". Um pouco mais adiante, será necessário que eu elucide suposições sobre a natureza e o funcionamento da consciência.

Uma cadeia de pensamento assim desencadeada no pré-consciente pode desaparecer espontaneamente ou persistir. Interpretei da seguinte forma o primeiro resultado: a energia se difunde seguindo todas as vias de associação que emanam da cadeia de pensamento, a qual é lançada em um estado momentâneo de excitação que depois de um tempo se esvai, à medida que essa excitação, que busca uma descarga, se transforma em energia quiescente.[51] Se esse primeiro resultado ocorre, o processo já não tem mais importância para a formação dos sonhos. No entanto, existem outras representações-meta à espreita em nosso pré-consciente, originadas das fontes de nossos desejos inconscientes e sempre em alerta. Tais representações podem se apropriar da excitação dentro do círculo de pensamentos que foi abandonado, estabelecer uma conexão entre ele e um desejo inconsciente e transferir-lhe a energia inerente a este último. Daí em diante,

---

51. Ver as significativas observações de Josef Breuer em nosso *Estudos sobre a histeria* (1895; e 2. ed., 1909). (N.A.)

a cadeia de pensamento desprezada ou suprimida é capaz de persistir, embora o reforço recebido não a ajude a obter acesso à consciência. Podemos dizer que a cadeia de pensamento até então pré-consciente foi arrastada para o inconsciente.

Outras conjunturas para a formação do sonho são: a cadeia de pensamentos pré-conscientes poderia estar conectada desde o início ao desejo inconsciente e, assim, terá sido repudiada pela representação-meta dominante; ou então um desejo inconsciente poderia ter sido ativado por outras razões, talvez somáticas, e por conta própria buscasse transferência para os restos psíquicos não ocupados pelo *Pcs.* Todos os três casos, afinal, convergem para o mesmo resultado, o estabelecimento de uma cadeia de pensamento no pré-consciente, a qual foi abandonada pelo investimento do pré-consciente e recebeu investimento do desejo inconsciente.

A partir daí, a cadeia de pensamento passa por uma série de transformações que já não reconhecemos como sendo processos psíquicos normais e que levam a um resultado desconcertante, a saber, uma formação psicopatológica. Vamos enumerá-las e agrupá-las:

1. As intensidades das representações individuais tornam-se capazes de se descarregar por completo e passam de uma representação a outra, de modo a formar representações únicas de grande intensidade. Com a repetição múltipla desse processo, a intensidade de toda uma cadeia de pensamentos pode acabar concentrada em um só elemento de representação. Esse é o princípio da *compressão ou condensação.* É esta a principal responsável pela impressão de estranheza provocada pelo sonho, pois não conhecemos nada análogo na vida psíquica normal e acessível à consciência. Também encontramos na vida psíquica normal representações com elevado grau de significação psíquica, como pontos nodais ou resultados finais de cadeias inteiras de pensamento, mas tal significação não se expressa em nenhum caráter sensorialmente evidente para a percepção interna; assim, o que está representado não se torna de modo algum mais intenso. Já no processo de condensação, toda a conexão psíquica se

transforma em intensidade do conteúdo de representações. É o mesmo caso de quando, em um livro, imprimimos com maior espaçamento ou em negrito alguma palavra de especial importância para a compreensão do texto; na fala, essa palavra seria pronunciada em voz mais alta, com mais vagar e com especial ênfase. A primeira analogia nos remete diretamente a um exemplo tomado do capítulo sobre "O trabalho do sonho" (a palavra trimetilamina no sonho da injeção de Irma).[52] Os historiadores da arte chamam nossa atenção para o fato de que as esculturas históricas mais antigas seguem um princípio semelhante, expressando a importância das pessoas representadas por meio do tamanho da estátua. O rei é feito com duas ou três vezes o tamanho de seu séquito ou do inimigo derrotado. Uma escultura da Roma Antiga faz uso de meios mais sutis para atingir o mesmo propósito. Ela traz a figura do imperador no centro, com uma postura ereta, e toma especial cuidado com sua modelagem, enquanto seus inimigos aparecem prostrados a seus pés; mas o imperador já não é representado como um gigante entre anões. Entretanto, a reverência do subordinado ante seu superior é, ainda hoje, um eco desse antigo princípio de representação.

A direção tomada pelas condensações do sonho é determinada, por um lado, pelas relações pré-conscientes racionais entre os pensamentos oníricos e, por outro, pela atração exercida pelas lembranças visuais do inconsciente. O trabalho de condensação, quando bem-sucedido, atinge as intensidades necessárias para irromper através dos sistemas perceptivos;

2. Por conta da liberdade com que as intensidades são transferidas, formam-se também *representações intermediárias*, compromissos, por assim dizer (ver os numerosos exemplos), a serviço da condensação. Também é algo inédito no curso normal da representação, onde o que interessa, acima de tudo, é a seleção e retenção do elemento de representação "adequado". Por outro lado, formações

52. O sonho de Irma foi descrito no capítulo 2 de *A interpretação dos sonhos*, de 1900, a base utilizada para este livro, *Psicologia do sonho*. (N.E.)

mistas e de compromisso ocorrem com extraordinária frequência quando tentamos expressar pensamentos pré-conscientes por meio da fala; estes são considerados "lapsos de linguagem";

3. As representações que transferem suas intensidades umas para as outras mantêm entre si *relações muito frouxas* e estão unidas por formas de associação desprezadas por nosso pensamento normal e usadas apenas em chistes. Em particular, destacam-se as associações por meio de sons e consonância; e

4. Pensamentos contraditórios não tendem a anular-se mutuamente, mas subsistem lado a lado. Eles muitas vezes se combinam para produzir condensação *como se nenhuma contradição* existisse entre eles ou compõem formações de compromisso que não admitiríamos em nosso pensamento consciente, mas que muitas vezes autorizamos em nossas ações.

Estes seriam alguns dos processos anormais mais evidentes aos quais os pensamentos oníricos, até então formados segundo bases racionais, são submetidos no decorrer do trabalho do sonho. Como principal característica desses processos, reconhecemos toda a ênfase que é colocada em tornar a energia de investimento móvel e capaz de descarga; o conteúdo e o significado intrínseco dos elementos psíquicos, aos quais essas energias aderem, passam a ter importância secundária. Poderíamos pensar que a condensação e a formação de compromisso só ocorrem a serviço da regressão quando é o caso de transformar pensamentos em imagens. Mas a análise — e, com clareza ainda maior, a síntese — de sonhos em que não há regressão a imagens, por exemplo, o sonho "*Autodidasker*[53] — conversa com o professor N.", revela os mesmos processos de deslocamento e condensação que os demais.

Portanto, não podemos deixar de reconhecer que dois tipos de processos psíquicos essencialmente diferentes estão envolvidos na formação do sonho; um cria pensamentos oníricos perfeitamente

---

53. Esta palavra não existe em alemão; é uma combinação de outras palavras que aparecem em um sonho de Freud, que ele analisa no capítulo 4 de *A interpretação dos sonhos*. (N.T.)

racionais, equivalentes aos pensamentos normais, enquanto o outro trata esses pensamentos da forma mais surpreendente e irracional possível. Já caracterizamos este último como sendo o trabalho do sonho propriamente dito. O que temos agora a elaborar quanto a esse último processo psíquico?

Eu não seria capaz de dar aqui uma resposta se não tivesse me aprofundado consideravelmente na psicologia das neuroses, em especial da histeria. Com ela aprende-se que os mesmos processos psíquicos irracionais — e outros mais, não citados aqui — controlam a formação de sintomas histéricos. Também na histeria encontramos primeiro uma série de pensamentos perfeitamente racionais, em tudo equivalentes aos pensamentos conscientes, sobre cuja existência nessa forma, porém, não nos é possível descobrir nada, e os quais só poderemos reconstruir posteriormente. Se acaso conseguiram irromper em algum lugar de nossa percepção, descobriremos, pela análise do sintoma produzido, que esses pensamentos normais passaram por um tratamento anormal e *foram transformados no sintoma por meio de condensação e formação de compromisso, de associações superficiais, ocultação de contradições e talvez pela via da regressão.* Tendo em vista a completa identificação existente entre as características do trabalho do sonho e as da atividade psíquica formadora dos sintomas psiconeuróticos, sinto-me autorizado a transpor para o sonho as conclusões a que a histeria nos leva.

Da teoria da histeria tomaremos emprestada a tese de que *tal elaboração psíquica anormal de uma cadeia normal de pensamento só ocorre quando esta última recebeu a transferência de um desejo inconsciente derivado da infância e em estado de recalque.* De acordo com ela, a teoria do sonho foi construída com o pressuposto de que o desejo onírico atuante se origina sempre do inconsciente; como já foi admitido, não é possível demonstrar que tal pressuposto seja uma regra geral, mas ele tampouco pode ser refutado. No entanto, para explicar o real significado do termo *recalque*, usado aqui tão livremente, será preciso fazer um novo acréscimo a esta nossa construção psicológica.

Já exploramos a ficção de um aparelho psíquico primitivo, cuja atividade seria regulada pelo esforço de evitar o acúmulo de excitação e de manter-se, na medida do possível, livre de excitação. Por isso ele foi construído seguindo o esquema de um aparelho reflexo; a motilidade, originalmente uma forma de realizar alterações internas no corpo, constituía a via de descarga que estava disponível. Em seguida, discutimos as consequências psíquicas de uma vivência de satisfação e já pudemos então introduzir um segundo pressuposto, a saber, que o acúmulo de excitação — produzido de diversas maneiras das quais não nos ocuparemos — é percebido como desprazer e coloca em ação o aparelho a fim de recriar a vivência de satisfação, em que a redução da excitação é percebida como prazer. A tal tipo de corrente produzida dentro do aparelho que visa ao prazer foi dado o nome de desejo. Observamos que somente um desejo é capaz de colocar em ação o aparelho e que a descarga de excitação dentro deste é regulada de modo automático pela percepção de prazer e desprazer. O primeiro desejo parece ter sido uma ocupação alucinatória da lembrança da satisfação. No entanto, por não poder ser mantida até a exaustão, essa alucinação mostrou-se incapaz de provocar a cessação da necessidade e, consequentemente, de assegurar o prazer ligado à satisfação.

Assim, fez-se necessária uma segunda atividade — conforme a terminologia apresentada, a atividade de um segundo sistema — que não deixasse a ocupação mnêmica avançar até a percepção e a partir daí restringir as forças psíquicas, mas que conduzisse a excitação emanada da necessidade por uma via indireta que, afinal, por meio do movimento voluntário, pudesse alterar o mundo externo e possibilitar uma percepção real do objeto de satisfação. Esse é o ponto até o qual foi elaborado o esquema do aparelho psíquico; esses dois sistemas são o germe de seus constituintes descritos, no aparelho plenamente desenvolvido, como o *Ics.* e o *Pcs.*

Para que seja possível alterar de forma efetiva o mundo externo por meio do movimento, é necessário acumular nos sistemas mnêmicos grande quantidade de experiências, assim como uma fixação múltipla das relações que diferentes representações-meta podem evocar nesse material mnêmico. Sigamos agora em frente com o pressuposto. A atividade constante do segundo sistema, que o tempo todo explora o terreno, enviando e recolhendo energia, por um lado requer total comando do material mnêmico; por outro, teria um gasto supérfluo se enviasse grandes quantidades de energia através de cada via de pensamento, que assim escoariam sem qualquer propósito, diminuindo a quantidade disponível para a alteração do mundo externo. Assim, por uma questão de eficiência, postulo que o segundo sistema consegue manter a maior parte da energia de ocupação em estado quiescente, usando no deslocamento apenas uma pequena parte. A mecânica desses processos é inteiramente desconhecida para mim; qualquer um que deseje explorar essas ideias deve tentar achar as analogias físicas e preparar o caminho para demonstrar o processo de movimento resultando da excitação neuronal. Atenho-me unicamente à ideia de que a atividade do primeiro sistema Ψ está voltada *para a livre descarga das quantidades de excitação*, enquanto o segundo sistema consegue inibir essa descarga, por meio das energias que emanam dele, *tornando quiescentes as energias, provavelmente por meio da elevação de seus níveis*. Suponho, portanto, que, sob o controle do segundo sistema, a descarga de excitação encontra condições mecânicas totalmente diferentes das que existem sob o controle do primeiro. Depois de terminada sua atividade exploratória de pensamento, o segundo sistema remove a inibição das excitações e sua acumulação, permitindo que sejam descarregadas na motilidade.

Uma discussão interessante se apresenta agora, se levarmos em conta as relações entre essa inibição da descarga pelo segundo sistema e a regulação exercida pelo princípio do desprazer. Busquemos a contraparte da vivência de satisfação, a saber, a vivência de medo diante de algo externo. Imaginemos que um estímulo perceptivo age sobre o aparelho primitivo, constituindo a fonte de uma excitação dolorosa. A isso se seguem manifestações motoras descoordenadas, até que uma delas faz o aparelho subtrair-se da percepção e, ao mesmo tempo, da dor; ao reaparecer a percepção, de imediato a manifestação motora se repete (talvez como um movimento de fuga) até que de novo a percepção desapareça. Nesse caso, não resta nenhuma inclinação a investir energia de novo, sob a forma de alucinação ou de qualquer outra coisa, na percepção da fonte de dor. Ao contrário, persiste no aparelho primário uma inclinação a abandonar de novo a imagem mnêmica aflitiva tão logo ela venha a ser evocada, pois se sua excitação transbordar para a percepção, provocará desprazer (ou, mais precisamente, começará a provocá-lo). A evitação da lembrança é apenas uma repetição da tentativa anterior de fugir à percepção, sendo facilitada também pelo fato de que a lembrança, ao contrário da percepção, não possui qualidade suficiente para excitar a consciência e, assim, atrair para si novas energias. A maneira fácil e regular com que o processo psíquico evita lembranças aflitivas nos fornece o modelo e o primeiro exemplo de *recalque psíquico*. É bem sabido por todos o quanto dessa evitação do aflitivo, desse comportamento de avestruz, ainda pode ser encontrado na vida psíquica normal do adulto.

Em virtude do princípio do desprazer, portanto, o primeiro sistema é incapaz de introduzir qualquer coisa desagradável nas associações de pensamentos. O sistema não pode fazer nada mais além de desejar. Se tudo permanecesse assim, a atividade de pensamento do segundo sistema, que requer o livre acesso a todas as lembranças armazenadas pelas experiências, seria impedida. No entanto, duas possibilidades se abrem agora: ou o trabalho do segundo sistema se descola por completo do princípio de desprazer e segue seu curso, sem fazer caso da lembrança desprazerosa, ou encontra um meio de ocupar a lembrança desprazerosa sem causar a liberação do desprazer. Podemos descartar a primeira possibilidade, pois o princípio do desprazer atua na regulação da descarga de excitação do segundo sistema, não apenas do primeiro; resta-nos a segunda possibilidade, a saber, de que esse sistema ocupe a lembrança de modo a inibir sua descarga, e portanto inibindo também a descarga, comparável à de uma inervação motora, que leve ao desenvolvimento do desprazer. Assim, chegamos à mesma hipótese — de que a ocupação através do segundo sistema implica também uma inibição para a descarga de excitação — por duas abordagens, a saber, a partir da referência ao princípio do desprazer e a partir do princípio do gasto mínimo de inervação. Tenhamos sempre presente que — essa é a chave da teoria do recalque — o segundo sistema só é capaz de ocupar uma representação quando estiver em condições de inibir o desenvolvimento do desprazer que dela provém. Qualquer coisa que pudesse se evadir a essa inibição também permaneceria inacessível ao segundo sistema e, em consequência do princípio do desprazer, logo seria abandonada. A inibição do desprazer, contudo, não precisa ser completa; o início do desprazer deve ser permitido, de modo a informar ao segundo sistema a natureza da lembrança e sua possível inadequação aos propósitos do processo de pensamento.

Denominarei o processo psíquico admitido apenas pelo primeiro sistema como *processo primário*, e o processo que resulta da inibição pelo segundo sistema, como *processo secundário*. Existe uma outra razão, como posso demonstrar, pela qual o segundo sistema é obrigado a corrigir o processo primário. Este último busca promover uma descarga da excitação, com a finalidade de estabelecer, com o auxílio da quantidade de excitação assim acumulada, uma *identidade perceptiva*; o processo secundário abandonou esse propósito e, em seu lugar, empreendeu a tarefa de estabelecer uma *identidade de pensamento*. O pensar, como um todo, é apenas uma via indireta que vai da lembrança de uma satisfação, que é tomada como representação-meta, até a ocupação idêntica dessa mesma lembrança, que se espera alcançada uma vez mais, por meio das experiências motoras. Portanto, o pensar deve se interessar pelas vias que conectam as representações entre si, sem se deixar distrair pelas intensidades de tais representações.

Mas fica óbvio que as condensações de representações e as formações intermediárias ou de compromisso impedem o alcance da identidade almejada; ao substituírem uma representação por outra, elas se afastam do caminho que partiria da representação original. Tais processos são, portanto, cuidadosamente evitados no pensamento secundário. Tampouco é difícil entender, ainda, que o princípio do desprazer, embora ofereça ao processo de pensamento os mais importantes pontos de partida, também lhe impõe dificuldades em sua busca da identidade de pensamento. Por isso, a tendência do processo de pensamento deve ser a de libertar-se cada vez mais de uma regulação exclusiva pelo princípio do desprazer e a restringir, mediante o trabalho do pensamento, o desenvolvimento do afeto a um mínimo necessário para que ele atue como sinal. Esse refinamento da atividade provavelmente é alcançado por meio de uma superocupação de energia provocada pela consciência. No entanto, sabemos que é muito raro que esse refinamento seja alcançado por completo, mesmo na vida psíquica normal, e que nossos pensamentos estão sempre passíveis de falseamento pela interferência do princípio do desprazer.

No entanto, não é essa a brecha no funcionamento de nosso aparelho psíquico através da qual os pensamentos que constituem o produto da atividade de pensamento secundária conseguem penetrar no processo psíquico primário — sendo esta a fórmula que podemos agora usar para descrever a atividade que leva ao sonho e aos sintomas histéricos. Esse caso de ineficiência advém da conjunção de dois fatores de nossa história evolutiva; um deles pertence unicamente ao aparelho psíquico e exerce uma influência decisiva na relação entre os dois sistemas, enquanto o outro opera de forma variável e introduz na vida psíquica forças pulsionais de origem orgânica. Ambos têm origem na infância e refletem a transformação que nosso organismo psíquico e somático sofreu desde a infância.

Quando denominei como primário um dos processos que ocorrem no aparelho psíquico, não o fiz levando em conta apenas a ordem de importância e de eficiência, mas desejei também que o nome indicasse sua precedência cronológica. Até onde sabemos, não existe nenhum aparelho psíquico que tenha apenas o processo primário, e, por esse ângulo, tal aparelho é, portanto, uma ficção teórica; mas é fato que os processos primários estão presentes no aparelho psíquico desde o início, enquanto os processos secundários se desenvolvem ao longo da vida, passando a inibir os processos primários, a sobrepor-se a eles, e talvez apenas no auge da vida chegando a dominá-los por completo. Devido a esse aparecimento tardio dos processos secundários, o âmago de nosso ser, constituído por moções de desejo inconscientes, permanece fora do alcance da compreensão e da inibição pré-consciente, cujo papel se limita, em definitivo, a conduzir as moções de desejo originadas no inconsciente pelas vias mais adequadas. Esses desejos inconscientes impõem uma compulsão que todas as tendências psíquicas posteriores devem obedecer e, se possível, esforçar-se por desviar e direcionar para objetivos mais elevados. Também em virtude dessa demora do aparecimento do processo secundário, boa parte do material mnêmico permanece inacessível à ocupação pré-consciente.

Entre essas moções de desejo originadas na infância, imunes a destruição e inibição, há algumas cuja realização entra em contradição com as representações-meta do pensamento secundário. A realização de tais desejos não mais produziria um afeto de prazer, mas de desprazer; e *é justamente essa transformação do afeto que constitui a essência do que chamo de "recalque", e no qual reconheço o precursor infantil da condenação, isto é, a rejeição por meio da razão.* Investigar de que maneira e por meio de que forças impulsoras ocorre tal transformação constitui o problema do recalque, que cabe apenas mencionar aqui. Basta-nos observar que tal transformação do afeto ocorre ao longo do desenvolvimento (lembremo-nos do aparecimento do nojo, originalmente ausente na infância) e que está relacionada com a atividade do sistema secundário. As lembranças a partir das quais o desejo inconsciente provoca a liberação do afeto nunca foram acessíveis ao *Pcs.*, e por isso a liberação do afeto a elas vinculado não pode ser inibida. É justamente por conta dessa geração de afeto que essas ideias são agora inacessíveis até por meio dos pensamentos pré-conscientes aos quais transferiram sua força de desejo. Pelo contrário, o princípio do desprazer entra em ação e faz com que o *Pcs.* se afaste de tais pensamentos de transferência. Estes últimos, largados à própria sorte, são "recalcados", e assim a presença de um reservatório de memórias infantis, desde o início fora do alcance do *Pcs.*, passa a ser um pré-requisito para o recalque.

No caso mais favorável, a geração do desprazer cessa assim que a energia é retirada dos pensamentos de transferência situados no *Pcs.*, e esse desfecho deixa claro que a intervenção do princípio do desprazer serviu a uma finalidade. É diferente, no entanto, quando o desejo inconsciente recalcado recebe um reforço orgânico que ele pode repassar a seus pensamentos de transferência, dando a eles condição de tentar irromper com sua excitação, mesmo tendo perdido sua ocupação do *Pcs.* Segue-se, então, uma luta defensiva, uma vez que o *Pcs.* reforça sua oposição aos pensamentos recalcados, levando depois os pensamentos de transferência (que são portadores do desejo inconsciente) a irromper em algum tipo de compromisso, obtido com a formação de sintomas. Contudo, a partir do momento em que os pensamentos recalcados são fortemente ocupados pela moção de desejo inconsciente, e ao mesmo tempo abandonados pela ocupação pré-consciente, eles ficam sujeitos ao processo psíquico primário, e seu objetivo único passa a ser a descarga motora; ou, se acaso o caminho estiver livre, a revivificação alucinatória da identidade perceptiva desejada. Já constatamos antes, de forma empírica, que os processos irracionais descritos só ocorrem com pensamentos que se encontram sob recalque. Agora podemos compreender um pouco melhor o que acontece. Tais processos irracionais que ocorrem no aparelho psíquico são os processos primários; *eles sobrevêm sempre que uma representação é abandonada pela ocupação pré-consciente e deixada por conta própria, podendo ser carregada com a energia não inibida do inconsciente, que se esforça para ser escoada*. Podemos acrescentar algumas observações mais para corroborar a concepção de que esses processos, considerados "irracionais", não são de fato falseamentos dos processos normais, erros do pensamento, mas modos de trabalho do aparelho psíquico quando livre de inibições. Assim, vemos que a transição da excitação pré-consciente para o movimento ocorre de acordo com os mesmos processos, e que o vínculo das representações pré-conscientes com as palavras pode facilmente mostrar os mesmos deslocamentos e confusões que são atribuídos à falta de atenção. Por fim, uma comprovação do aumento de atividade que se faz necessário quando esses modos primários de pensamento são inibidos reside no fato de que é obtido um *efeito cômico*, uma energia em excesso que deve ser descarregada por meio do riso, *quando permitirmos que esses modos de pensamento cheguem à consciência*.

A teoria das psiconeuroses afirma, com total certeza, que apenas as moções de desejos sexuais originadas na infância experimentam recalque (uma transformação do afeto) durante o período de desenvolvimento infantil. Elas estão propensas à renovação em períodos posteriores de desenvolvimento, seja como resultado da constituição sexual, que se configura a partir de uma bissexualidade inicial, seja como resultado de influências desfavoráveis ocorridas durante a vida sexual; assim, elas podem fornecer a força impulsora para a formação de sintomas psiconeuróticos. Apenas por meio da referência a essas forças sexuais é que podem ser preenchidas as lacunas ainda evidentes na teoria do recalque. Deixarei ainda por investigar se cabe invocar o sexual e o infantil também para a teoria do sonho; nesse aspecto, deixo incompleta tal teoria, pois, ao presumir que o desejo onírico tem sempre sua origem no inconsciente, já avancei um passo além do que pode ser demonstrado.[54] Tampouco desejo

---

54. Aqui, como em outros lugares, há lacunas na elaboração do tema, as quais mantive de propósito; isso porque preenchê-las exigiria, por um lado, um esforço muito grande e, por outro, a referência a um extenso material alheio ao estudo dos sonhos. Assim, evitei afirmar se atribuo à palavra "suprimido" outro sentido que não a palavra "recalcado". Deveria, porém, ter ficado claro que esta última enfatiza mais do que a primeira a relação com o inconsciente.

investigar mais a fundo a diferença que há na interação das forças psíquicas entre a formação dos sonhos e a formação dos sintomas histéricos; para fazê-lo, precisaríamos de um conhecimento mais preciso sobre um dos elementos dessa comparação. Mas há outro ponto que considero importante, e confesso que foi justamente por conta dele que incluí aqui toda a discussão sobre os dois sistemas psíquicos, seus modos de atividade e o recalque. Não se trata agora de saber se interpretei de forma aproximadamente correta os fatos psicológicos de que estamos tratando ou se o fiz, como é bem possível em caso de temas tão difíceis, de forma distorcida e falha. Por mais que possam ser feitas alterações na interpretação da censura psíquica e da elaboração racional e anormal do conteúdo do sonho, continua sendo válido o fato de que tais processos atuam na formação dos sonhos e constituem, em essência, a mais próxima analogia com processos observados na formação dos sintomas histéricos. O sonho não é, contudo, um fenômeno patológico; ele não pressupõe nenhuma perturbação do equilíbrio psíquico. Uma eventual crítica de que meus sonhos e os sonhos de pacientes neuróticos não permitiriam tirar conclusões sobre os sonhos de pessoas saudáveis poderia ser descartada sem maiores considerações. Assim, se podemos inferir dos fenômenos suas forças impulsoras, devemos reconhecer que o mecanismo psíquico utilizado pelas neuroses não é criado por alguma perturbação patológica

---

Tampouco abordei a questão que investiga por que os pensamentos oníricos são distorcidos pela censura ainda quando deixam de avançar rumo à consciência e escolhem a via da regressão. Desejo sobretudo despertar o interesse pelos problemas a que conduz a análise mais profunda do trabalho do sonho e indicar os outros temas que tal análise encontraria em seu caminho. Nem sempre foi fácil decidir em que ponto deveria interromper a explanação. O fato de não abordar exaustivamente o papel da vida psicossexual no sonho e evitar a interpretação de sonhos de óbvio conteúdo sexual deve-se a um motivo especial, que talvez não corresponda à expectativa do leitor. Com certeza, está bem longe de mim, e de meus princípios científicos em neuropatologia, considerar a vida sexual como algo vergonhoso, que nem médico nem investigador científico devem tratar. Também me parece ridícula a indignação moral que levou o tradutor de Artemidoro de Daldis a ocultar do leitor o capítulo de *The Interpretation of Dreams* [tradução de *Oneirokritika*] sobre sonhos sexuais. Quanto a mim, motivou-me apenas a convicção de que abordar os sonhos sexuais implicaria a obrigação de aprofundar-me nos problemas ainda inexplicados da perversão e da bissexualidade; e por isso reservei esse material para outro contexto. (N.A.)

da vida psíquica, mas já se encontra pronto na estrutura normal do aparelho psíquico. Os dois sistemas psíquicos, a censura na passagem de um para o outro, a inibição de uma atividade pela outra, a sobreposição entre elas, as relações de ambos com a consciência — ou seja o que for que uma interpretação mais correta dos fatos possa oferecer em seu lugar —, tudo isso pertence à estrutura normal de nosso instrumento psíquico, e o sonho nos indica um dos caminhos pelos quais podemos compreendê-la. Se ficarmos restritos ao mínimo de novos conhecimentos que damos como estabelecidos até aqui, podemos dizer que o sonho nos prova que o *material suprimido continua a existir, mesmo em pessoas normais, e permanece capaz de atividade psíquica.* O próprio sonho é uma das expressões desse material suprimido. Na teoria, isso ocorre em *todos os casos*; na prática, pode ser observado ao menos em grande número de sonhos, os quais exibem de forma muito clara as peculiaridades marcantes da vida onírica. O material psíquico suprimido, que na vida de vigília é impedido de se expressar e alijado da percepção interna *pelo ajuste antagônico das contradições*, durante a noite, sob a influência das formações de compromisso, encontra formas e meios de irromper na consciência.

Flectere si nequeo superos, Acheronta movebo.[55]

De qualquer forma, a interpretação dos sonhos é a *via regia* para um conhecimento do inconsciente na vida psíquica.

Por meio da análise do sonho, podemos avançar em nosso entendimento da composição deste que constitui o mais maravilhoso e misterioso de todos os instrumentos. É sem dúvida um avanço pequeno, mas são os primeiros passos, que nos permitiram afastar-nos de outras formações que podem ser chamadas de patológicas e aprofundar nossa

55. Citação do livro *Eneida*, de Virgílio, que significa: "se não puder dobrar os deuses de cima, comoverei o Aqueronte". Freud usou a frase como epígrafe do seu livro *A interpretação dos sonhos*, afirmando numa carta a Werner Achelis, em 1927, que "comover o Aqueronte" significa agitar o submundo. (N.T.)

análise do inconsciente. Isso porque a enfermidade — ao menos aquela que, com razão, é chamada de funcional — não tem como premissa a destruição desse aparelho ou a produção de novas divisões em seu interior; ela deve ser explicada em termos dinâmicos, pelo fortalecimento e enfraquecimento de componentes da interação de forças, pela qual muitos efeitos permanecem ocultos durante o funcionamento normal. Fomos capazes de demonstrar, em outro lugar, como a estrutura do aparelho em duas instâncias permite um refinamento de sua função normal, que seria impossível com uma só.

IX. O inconsciente e a consciência — a realidade

Examinando mais de perto as considerações psicológicas do capítulo anterior, vemos que elas não nos sugerem a existência de dois sistemas próximos à extremidade motora do aparelho, e sim de dois processos de excitação ou de dois modos de descarga desta. Para nós é indiferente, pois devemos estar sempre dispostos a abandonar nossas representações auxiliares quando nos parece ser possível substituí-las por algo que reflita melhor a realidade desconhecida. Tentemos agora corrigir algumas concepções errôneas que poderiam surgir caso entendêssemos os dois sistemas, no sentido mais grosseiro e literal, como sendo localizações situadas dentro do aparelho psíquico; tais concepções deixaram sua marca em termos como "recalcar" e "irromper" ou "penetrar". Assim, quando se diz que um pensamento inconsciente procura chegar ao pré-consciente para, em seguida, penetrar na consciência, não quero sugerir que um segundo pensamento se forme em um novo lugar, como se fosse uma transcrição que passasse a existir, a par do original. Ainda, ao nos referirmos ao irromper na consciência, devemos evitar com cuidado qualquer conotação de uma mudança de localização. Da mesma forma, quando é registrado que um pensamento pré-consciente é recalcado e então retomado pelo inconsciente, talvez nos vejamos tentados por tais figuras de linguagem, derivadas de um conjunto de representações relacionadas à disputa por um território, a supor que de fato um agrupamento psíquico é desfeito em uma localização psíquica e substituído por um novo em outro local. Agora vamos substituir tal analogia por algo que parece corresponder melhor ao estado real das coisas, a saber, que uma ocupação de energia é dirigida a um determinado agrupamento psíquico ou retirada dele, de modo que o agrupamento em questão caia sob a influência de uma dada instância ou lhe seja subtraído. Aqui, mais uma vez, substituímos um modo tópico de representação por um modo dinâmico; não é a formação psíquica em si que consideramos móvel, mas sua inervação.

Apesar de tudo, considero conveniente e justificável continuar empregando essa imagem figurada dos dois sistemas. Podemos evitar qualquer aplicação equivocada de tal analogia lembrando que não devemos situar representações, pensamentos e demais produtos psíquicos nos elementos orgânicos do sistema nervoso, mas, por assim dizer, entre eles, onde resistências e facilitações constituem seus correlatos. Tudo aquilo que pode ser objeto de nossa percepção interna é virtual, como a imagem produzida no telescópio pela passagem dos raios luminosos. Mas temos justificativas para presumir a existência dos sistemas, que em si nada têm de psíquico e que jamais ficam acessíveis a nossa percepção psíquica, à semelhança das lentes do telescópio que criam a imagem. Prosseguindo com a analogia, eu diria que a censura existente entre os dois sistemas corresponde à refração dos raios luminosos em sua passagem para um novo meio.

Até agora, estivemos praticando minha própria psicologia; é hora de voltarmos a atenção para as perspectivas teóricas que dominam a psicologia atual e examinarmos sua relação com essa teoria. A questão do inconsciente na psicologia é, na afirmação categórica de Theodor Lipps, menos uma questão psicológica do que a questão da psicologia. Enquanto a psicologia tratou-a com a mera explicação verbal de que "psíquico" seria equivalente a "consciente", e que "processos psíquicos inconscientes" seriam um contrassenso palpável, o uso de observações feitas pelo médico sobre estados psíquicos anormais para fins psicológicos era impensável. O médico e o filósofo somente entram em acordo quando ambos reconhecem que os processos psíquicos inconscientes são "a expressão adequada e justificada de um fato bem-estabelecido". Ao médico só resta rejeitar, dando de ombros, a afirmação de que "a consciência é uma característica indispensável do psíquico", e se ainda tiver algum respeito pelas declarações dos filósofos, supor que o médico e o filósofo não tratam do mesmo assunto nem praticam a mesma ciência. O fato é que basta uma única observação perspicaz da vida psíquica de um neurótico ou uma única análise de um sonho para trazer a convicção inabalável de que os mais complexos e racionais processos de pensamento, os quais ninguém se recusaria a chamar de processos psíquicos, podem ocorrer sem estimular a consciência da pessoa. É fato que o médico não tem como saber desses processos inconscientes até que eles produzam algum efeito na consciência passível de ser comunicado ou observado. Mas esse efeito consciente pode manifestar um caráter psíquico muito diferente do caráter do processo inconsciente, de maneira que a percepção interna não consiga reconhecer um deles como substituto do outro. O médico deve ter liberdade para avançar, por meio de um processo de inferência, desde o efeito consciente até o processo psíquico inconsciente; dessa forma, ele constata que o efeito consciente não passa de um produto psíquico remoto do processo inconsciente, e que este não se tornou consciente como tal, mas que estava presente e operando sem se ter revelado de modo algum à consciência.

É necessário abandonar a forma como é superestimado o estado consciente, como pré-requisito indispensável na formação de qualquer opinião correta quanto ao processo psíquico. Nas palavras de Lipps, o inconsciente deve ser aceito como a base geral da vida psíquica. O inconsciente é a esfera mais ampla, que inclui em seu interior a esfera menor do consciente; tudo que é consciente tem seu estágio preliminar inconsciente, enquanto aquilo que é inconsciente pode continuar nesse estágio e ainda assim reivindicar pleno valor como processo psíquico. Propriamente falando, o inconsciente é o verdadeiro psíquico; *sua natureza interior nos é tão desconhecida quanto a realidade do mundo externo e nos é apresentada de forma tão imperfeita pelos dados da consciência quanto nos é apresentado o mundo exterior pelos órgãos dos sentidos.*

Quando a velha oposição entre vida consciente e vida onírica for abandonada e ao psíquico inconsciente for atribuído seu devido lugar, uma série de problemas relativos ao sonho, dos quais autores mais antigos se ocuparam longamente, será deixada de lado. Assim, várias atividades cuja execução no sonho despertou assombro já não devem mais ser atribuídas ao sonho, mas ao pensamento inconsciente, que está ativo tanto de dia quanto de noite. Se, conforme disse Scherner, o sonho parece jogar com representações simbólicas do corpo, agora sabemos que elas constituem o produto de fantasias inconscientes que provavelmente respondem a moções sexuais e que não se expressam apenas nos sonhos, mas também nas fobias histéricas e em outros sintomas. Quando o sonho dá continuidade e um desfecho para as atividades do dia, e ainda traz à luz inspirações valiosas, temos apenas de remover o disfarce onírico que é produto do trabalho do sonho e a marca da ação auxiliar de forças obscuras provenientes das profundezas da mente (veja-se o diabo no sonho da sonata de Tartini).[56] A realização intelectual deve ser atribuída às mesmas forças psíquicas responsáveis por todas as operações desse tipo durante o dia. Aliás, é provável que estejamos por demais inclinados a superestimar o caráter consciente da produção intelectual e artística. Sabemos, pelas comunicações que nos foram feitas por pessoas de extraordinária produção, como Goethe e Hermann von Helmholtz, que os elementos essenciais e mais originais de suas criações decorreram da inspiração e surgiram à sua percepção já quase prontos. Nada há de estranho na participação da atividade consciente em outros casos nos quais todas as forças psíquicas atuaram em conjunto. Mas é privilégio da atividade consciente, do qual muito se abusa, a capacidade de ocultar todo o restante nas atividades das quais toma parte.

---

56. O compositor e violinista Giuseppe Tartini (1692-1770) teria sonhado que vendia a alma ao diabo, que então pegou um violino e tocou com maestria uma belíssima sonata. Nem bem despertou, Tartini transcreveu o que pôde se lembrar, e o resultado foi a sonata *Trilo do diabo*, até hoje considerada uma das obras para violino de execução mais difícil. (N.T.)

Mal vale a pena tratarmos como um tópico à parte a importância histórica dos sonhos. Se acaso algum líder tiver sido levado, por conta de um sonho, a lançar-se em uma empreitada ousada cujo sucesso mudou os rumos da história, somente teremos um novo problema se o sonho for tratado como uma força estranha, em contraste com outras forças psíquicas mais familiares; tal problema desaparece, porém, quando consideramos o sonho como uma forma de expressão de moções que durante o dia são alvo de resistência e que de noite puderam receber reforço proveniente de fontes de excitação profunda. Não obstante, o respeito que povos antigos tinham pelos sonhos é uma homenagem, baseada em uma intuição psicológica correta, àquilo que existe de indomável e indestrutível no espírito humano, e ao fator demoníaco que gera o desejo onírico e que reencontramos em nosso inconsciente.

Não é sem propósito que uso a expressão "em nosso inconsciente", pois o que assim chamamos não coincide com o inconsciente dos filósofos nem com o inconsciente de Lipps. Para eles, o termo destina-se a designar apenas o oposto do consciente. O postulado de que também existem processos psíquicos inconscientes, além dos conscientes, é um tópico contestado de forma ardente por um lado e defendido com energia por outro. Lipps nos fornece uma teoria mais abrangente, afirmando que tudo o que é psíquico existe como inconsciente, e uma parte, também como consciente. Mas não foi para provar essa teoria que utilizamos os fenômenos do sonho e da formação dos sintomas histéricos; a observação da vida normal de vigília, por si só, já basta para demonstrá-la sem dar lugar a dúvidas. O fato novo que a análise das formações psicopatológicas — e de seu primeiro componente, o sonho — revelou é que o inconsciente, isto é, o psíquico, surge como uma função de dois sistemas separados, e isso já ocorre na vida psíquica normal. Existem, portanto, dois tipos de inconsciente, que ainda não foram distinguidos pelos psicólogos. Ambos são inconscientes no sentido da psicologia; mas, em minha concepção, o primeiro, que chamo de *Ics.*, é também insuscetível de consciência, enquanto o outro, chamado de "*Pcs.*", recebeu tal nome porque suas excitações podem alcançar a consciência, desde que observem certas regras e talvez somente depois de passarem por uma nova censura, mas sem dependerem do sistema *Ics.* O fato de que, para chegarem à consciência, as excitações devem percorrer uma série inalterável de eventos ou uma sucessão de instâncias — como as alterações impostas pela censura nos deixam vislumbrar —, nos possibilitou fazer uma analogia de cunho espacial. Descrevendo as relações dos dois sistemas entre si e com a consciência, demonstrei que o *sistema Pcs.* situa-se como uma tela entre o *sistema Ics.* e a consciência. O sistema *Pcs.* não só bloqueia o acesso à consciência como também controla o acesso à motilidade voluntária e dispõe de uma energia de ocupação móvel, uma parte a qual conhecemos como atenção.

Devemos também ignorar a distinção entre superconsciente e subconsciente, que se tornou tão popular na literatura recente sobre as psiconeuroses, pois tal distinção parece justamente enfatizar a equivalência do psíquico e do consciente.

Que papel resta agora, nesta descrição, para a consciência outrora onipotente e capaz de ocultar tudo? Apenas o de um órgão sensorial para a percepção de qualidades psíquicas. De acordo com a ideia básica deste ensaio esquemático, só podemos conceber a percepção consciente como sendo a operação intrínseca de um sistema particular, para o qual a abreviatura *Cs.* parece adequada. Imagino esse sistema como sendo muito parecido, em suas características mecânicas, com o sistema de percepção *Pcpt.*, ou seja, excitável por qualidades, mas incapaz de reter o rastro das alterações e, portanto, desprovido de memória. O aparelho psíquico que, com o órgão sensorial dos sistemas *Pcpt.*, volta-se para o mundo exterior é, ele próprio, o mundo exterior com relação ao órgão sensorial da *Cs.*, cuja justificativa teleológica repousa nessa relação. Uma vez mais deparamos com o princípio da hierarquia de instâncias que parece dominar a estrutura do aparelho. O material excitatório flui para o órgão sensorial da *Cs.* vindo de dois lados: do sistema *Pcpt.*, cuja excitação, condicionada por qualidades, provavelmente passa por um novo processamento antes de se tornar uma sensação consciente, e do interior do próprio aparelho, cujos processos quantitativos são percebidos como uma série de qualidades de prazer e desprazer quando submetidos a certas alterações.

Os filósofos, que se deram conta de que estruturas de pensamento racionais e de extrema complexidade são possíveis mesmo sem a cooperação da consciência, tiveram dificuldade para atribuir a esta qualquer função; a consciência lhes pareceu ser nada além de um reflexo supérfluo do processo psíquico consumado. A analogia do sistema *Cs.* com os sistemas da percepção nos poupa desse constrangimento. Sabemos que a percepção por nossos órgãos sensoriais tem como consequência o direcionamento de um investimento de atenção para as vias através das quais se propaga a excitação sensorial recebida; a excitação qualitativa do sistema *Pcpt.* age como um regulador da descarga da quantidade móvel dentro do aparelho psíquico. Podemos admitir a mesma função para o órgão sensorial superposto do sistema *Cs.* Ao perceber novas qualidades, ele passa a fazer uma contribuição nova em termos do controle e do direcionamento adequados das quantidades móveis de ocupação. Por meio da percepção de prazer e desprazer, ele influi na circulação das ocupações dentro do aparelho psíquico, que em geral trabalha de forma inconsciente e por meio do deslocamento de quantidades. É provável que o princípio do desprazer exerça uma primeira regulação automática dos deslocamentos de ocupação, mas é bem possível que a consciência dessas qualidades adicione uma segunda regulação, mais refinada; esta pode até ser oposta à primeira e aperfeiçoar a eficiência do aparelho, tornando-o capaz de, em contradição com seu intuito original, ocupar e elaborar até mesmo aquilo que está ligado à liberação de desprazer. A psicologia das neuroses nos mostra que a essas regulações realizadas por meio da excitação qualitativa dos órgãos sensoriais está reservado um papel importante na atividade funcional do aparelho. O controle automático do princípio primário do desprazer, com a decorrente restrição da eficiência, é interrompido pelos processos de regulação sensorial, que são também automatismos. Vimos que o recalque — que, embora servisse, a princípio, a um propósito, acaba levando a uma rejeição prejudicial da inibição e do controle psíquico — afeta muito mais facilmente as lembranças do que as percepções, porque aquelas não podem receber nenhuma ocupação extra proveniente da excitação dos órgãos sensoriais psíquicos. Se, por um lado, um pensamento que deve ser rejeitado não se torna consciente por ter sido submetido a recalque, em outros casos ele pode ser recalcado pelo simples fato de ter sido subtraído à percepção consciente por outros motivos. Esses são indicativos dos quais a terapia tira proveito para reverter recalques já estabelecidos.

Dentro de um contexto teleológico, a melhor forma de demonstrar o valor da sobreocupação colocada sobre as quantidades móveis pela influência reguladora do órgão sensorial da *Cs.* é a criação de uma nova série de qualidades e, em consequência, de um novo processo de regulação, que constitui a superioridade do ser humano sobre os animais. Os processos de pensamento por si só carecem de qualidade, exceto pelas excitações de prazer e desprazer que os acompanham e que devem ser mantidas sob controle, por conta de seu potencial efeito perturbador sobre o pensamento. Para que o processo de pensamento possa adquirir alguma qualidade, deve estar associado a lembranças verbais cujos resíduos de qualidade bastam para atrair a atenção da consciência e, daí, dotar tal processo de nova ocupação móvel de energia.

Só é possível examinar em sua totalidade os múltiplos problemas da consciência por meio de uma análise dos processos de pensamento na histeria. Estes dão a impressão de que, ao passar do pré-consciente para o consciente, a ocupação é submetida a uma censura semelhante à que existe entre o *Ics.* e o *Pcs.* Também essa censura só começa a atuar ao ser ultrapassado um determinado limite quantitativo, de modo que poucas estruturas de pensamento de maior intensidade lhe escapam. Todas as formas possíveis pelas quais um pensamento pode ser mantido fora da consciência, ou pode chegar a ela, sob certas restrições, estão compreendidas dentro do arcabouço dos fenômenos psiconeuróticos; todas apontam para uma conexão íntima e recíproca entre censura e consciência. Concluirei essas discussões psicológicas com o relato de dois desses casos.

Alguns anos atrás, consultou-se comigo uma garota inteligente e de aparência desinibida. Suas roupas eram estranhas; embora os trajes de uma mulher costumem estar cuidados até o menor detalhe, uma de suas meias estava caída, e dois botões da blusa, abertos. Queixava-se de dores em uma das pernas, e expôs a panturrilha sem que lhe tenha sido solicitado. No entanto, sua principal queixa era, em suas próprias palavras: ter no corpo uma sensação, como se houvesse algo enfiado nele que se movia para lá e para cá e a fazia tremer inteira. Às vezes todo seu corpo ficava rígido. Ao ouvir isso, meu colega, que também se encontrava presente, lançou-me um olhar; para ele, o motivo da queixa estava muito claro. A ambos pareceu estranho que a mãe da paciente não desse nenhuma importância ao assunto; ela sem dúvida devia ter passado inúmeras vezes pela situação que a filha descreveu. A própria garota não fazia ideia das implicações de suas palavras, ou jamais as teria proferido. Neste caso, a censura foi ludibriada com tanto êxito que uma fantasia, que em outras circunstâncias teria sido mantida no pré-consciente, foi capaz de passar à consciência sob o disfarce inocente de uma queixa.

Outro exemplo: dei início ao tratamento psicanalítico de um rapaz de 14 anos que sofria de *tic convulsif*,[57] vômitos histéricos, dores de cabeça, etc., garantindo-lhe que, depois de fechar os olhos, ele veria imagens ou teria ideias, as quais pedi para me comunicar. Ele respondeu com imagens. A última impressão que teve antes de vir consultar-se comigo foi revivida visualmente em sua memória. Ele estivera jogando damas com seu tio e agora via o tabuleiro diante de si. Comentou

57. *Maladie des tics convulsifs*: expressão francesa para "transtorno do tique convulsivo". Foi descrito pelo neurologista francês Jean-Martin Charcot em 1885; caracteriza-se por apresentar múltiplos tiques físicos e ao menos um tique vocal. Hoje é chamado de síndrome de Tourette. (N.T.)

várias posições que são favoráveis ou desfavoráveis, movimentos que não deviam ser feitos. Ele então viu um punhal sobre o tabuleiro, um objeto que pertencia a seu pai, mas que sua imaginação transferiu para o tabuleiro. Então havia uma foice sobre o tabuleiro, a seguir uma gadanha foi adicionada e, por fim, apareceu a imagem de um velho camponês que cortava a grama com a gadanha em frente à distante casa dos pais do menino. Passados alguns dias, descobri o significado dessa série de imagens. Relações familiares desagradáveis haviam desencadeado o nervosismo do jovem. O pai severo e colérico, que levava uma vida de discórdias com a mãe, e cujos métodos educacionais consistiam em ameaças; o divórcio entre o pai e a mãe meiga e carinhosa, e o novo casamento do pai, que um dia trouxe para casa uma mulher jovem, que seria a nova mãe do rapaz. Poucos dias depois, a doença do garoto de 14 anos eclodiu. Foi a fúria sufocada contra o pai que compôs aquelas imagens criando alusões inteligíveis. O material foi fornecido por recordações da mitologia. A foice foi aquela com que Zeus castrara o pai; a gadanha e a imagem do camponês representavam Cronos, o velho violento que devorara seus filhos, de quem Zeus se vingara de maneira tão pouco filial. O casamento do pai deu ao filho a oportunidade de retribuir-lhe as reprovações e ameaças, feitas anteriormente porque o garoto brincava com seus genitais (o tabuleiro de damas, ou seja, jogar como sinônimo de brincar; os movimentos proibidos; o punhal que pode ser usado para matar alguém). Neste caso, lembranças há muito recalcadas e seus resquícios que permaneceram inconscientes infiltraram-se na consciência, disfarçados de imagens sem sentido, pelo atalho aberto para eles.

Deste modo, eu esperaria encontrar o valor teórico do estudo dos sonhos em sua contribuição para o conhecimento psicológico e no preparo prévio que nos pode dar para compreendermos as neuroses. Quem pode prever a importância que terá uma compreensão mais abrangente da estrutura e das funções do aparelho psíquico, se mesmo nosso estado atual de conhecimento já permite uma influência terapêutica positiva nas formas curáveis de psiconeuroses? Mas, e quanto ao valor prático de tal estudo, pode alguém perguntar, para o conhecimento psíquico e para a descoberta das características ocultas do caráter do indivíduo? Acaso as moções inconscientes reveladas pelo sonho não têm o peso das forças reais na vida psíquica? Devemos nós fazer pouco do significado ético dos desejos suprimidos que, assim como agora geram sonhos, podem um dia gerar outras coisas?

Não me sinto autorizado a responder a essas perguntas. Não estudei detalhadamente esse aspecto do problema dos sonhos. Creio, porém, que o imperador romano cometeu um erro ao mandar executar um dos seus súditos por este ter sonhado que havia assassinado seu monarca. Ele deveria primeiro ter tentado descobrir o significado do sonho; é bem provável que não fosse o que parecia ser. E mesmo se um sonho de conteúdo diferente tivesse o significado desse mesmo ato de lesa-majestade, ainda assim caberia lembrar a máxima de Platão de que o homem virtuoso se contenta em sonhar com aquilo que o homem perverso faz na vida real. Por isso, penso que o melhor é dar liberdade aos sonhos. Eu não saberia dizer se os desejos inconscientes deveriam ser reconhecidos como realidade, e em qual sentido. Naturalmente, ela deve ser negada a todos os pensamentos de transição e intermediários. Se tivéssemos diante de nós os desejos inconscientes levados à sua última e mais verdadeira expressão, deveríamos nos lembrar de que a realidade psíquica é uma forma especial de existência, que não deve ser confundida com a realidade de fato. Para a finalidade prática de julgar o caráter de um homem, quase sempre são suficientes suas ações e opiniões expressas de forma consciente. As ações, em particular, devem ser consideradas antes de mais nada, pois muitos dos impulsos que irrompem na consciência são neutralizados por forças reais da vida psíquica antes de serem convertidos em ação; de fato, a razão pela qual com frequência os impulsos não encontram nenhum obstáculo psíquico em seu caminho é porque o inconsciente tem certeza de que mais tarde serão detidos em alguma outra etapa. Em todo caso, é instrutivo familiarizar-se com o solo tão remexido do qual brotam com muito orgulho nossas virtudes. Pois é muito raro que a complexidade do caráter humano, que se move dinamicamente em todas as direções, submeta-se a escolher uma simples alternativa, como desejaria nossa antiquada doutrina moral.

E qual o valor do sonho para o conhecimento do futuro? Isso, é claro, é algo que está fora de cogitação. Sinto-me inclinado a fazer uma substituição: "para o conhecimento do passado". Pois o sonho se origina no passado, em todos os sentidos. Com certeza a antiga crença de que o sonho revela o futuro não está totalmente desprovida de verdade. Ao representar para nós um desejo como tendo sido realizado, o sonho certamente nos conduz ao futuro, mas esse futuro, tido pelo sonhador como sendo o presente, foi moldado à semelhança do passado pelo desejo indestrutível.

Este livro foi impresso pela Rettec
em fonte Minion Pro sobre papel Pólen Bold 70 g/m²
para a Edipro no inverno de 2025.